Fabian Vogt

Männerüberraschung

Was zum Schmunzeln, was zum Genießen,
was zum Weiterdenken

Fabian Vogt

MÄNNER-ÜBERRASCHUNG

Was zum Schmunzeln,
was zum Genießen, was zum Weiterdenken

SCM
R.Brockhaus

SCM

Stiftung Christliche Medien

SCM R.Brockhaus ist ein Imprint der SCM Verlagsgruppe,
die zur Stiftung Christliche Medien gehört, einer gemeinnützigen Stiftung,
die sich für die Förderung und Verbreitung christlicher Bücher,
Zeitschriften, Filme und Musik einsetzt.

MIX
Papier | Fördert gute Waldnutzung
FSC® C018236
www.fsc.org

Max-Eyth-Straße 41 · 71088 Holzgerlingen
Internet: www.scm-brockhaus.de; E-Mail: info@scm-brockhaus.de

Alle Texte sind als Kolumnen zuerst in der MOVO erschienen.

Gesamtgestaltung: Christina Custodis
Autorenfoto: © Pietro Stutera
Satz: typoscript GmbH, Walddorfhäslach
Druck und Bindung: Dimograf Sp. z o.o.
Gedruckt in Polen
ISBN 978-3-417-00052-8
Bestell-Nr. 227.000.052

INHALT

PARADIESISCH. FAST …

Vorwort von Rüdiger Jope

19 Väter, 26 Kinder. Drei Nächte im Zelt, zwei Tage im Kanu auf der Fulda. Eisvögel. Nutrias. Greifvögel. »Papa, kann ich aus dem Kanu ins Wasser springen?« 14 Grad! Mut. Überschwang. Lachen. Feuermachen. Ralf, der fantastische Geschichtenerzähler, fesselt Kinder eine Stunde am Feuer mit seinen Erzählungen über Robinson, Freitag und Joseph. »Papa, könnte er nicht Lehrer in meiner Schule werden?« Jungs- und Männerglück. Ein Paradies nach Corona.

Paradiesisch. Fast …

8 Grad Celsius. Ich kuschle mich in den Schlafsack. 20 km Paddeln stecken mir in den Knochen. Ich höre noch den Ruf eines Kauzes, einen rumpelnden Güterzug und tauche erschöpft ab ins Reich der Träume. 0:35 Uhr. Ich schrecke hoch. Mein Sohn würgt vor sich hin. »Papa, mir ist so schlecht!« Schon folgt der nächste Schwall. Hektisch suche ich nach der Taschenlampe. Mir offenbart sich ein Malheur. Ich bin hellwach. Frustriert. Wütend. Hilflos. Funktioniere. Er flüstert: »Papa, ich wollte dir nicht das Wochenende vermiesen.«

Paradiesisch. Fast …

Ich pelle ihn aus Schlafsack und Schlafanzug. Stecke den fröstelnden Jungen in seine Sportklamotten und in meinen Schlafsack. Er dämmert sofort weg. Ich hole mir in der Zeltküche eine Küchenrolle, einen Müllsack, organisiere mir eine (zu dünne) Ersatzdecke, eine Plastikschüssel … Im Licht der Taschenlampe versuche ich der Bescherung aus Malzbier, Gyros, Stockbrot und Eis Herr zu werden.

1:10 Uhr. Meine Hände sind gewaschen. Fröstelnd liege ich auf der Thermarestmatte. Ich ziehe mir zusätzlich Pulli, Jacke und Hose an. Die Zehen bleiben kalt.

Paradiesisch. Fast …

1:35 Uhr. Noch liege ich wach. Mein Sohn fährt hoch. »Papa, ich muss …« Ich halte ihm die Schüssel hin. Ich streichle ihm über den Kopf. Flüstere ihm zu: »Ich halte zu dir. Komm, du schaffst das. Du bist ein tapferer Kerl.« Ich wische ihm den Mund ab. Entleere die Schüssel vor dem Zelt.

2:05 Uhr. Immer noch liege ich wach. Mein Sohn fährt hoch. »Papa, ich muss …«

2:28 Uhr: »Papa, ich muss …«

3:11 Uhr, 3:48 Uhr, 4:22 Uhr: »Papa, ich muss …«

Paradiesisch. Fast …

Um kurz nach sechs schlurfe ich durchs taunasse Gras. Wer schaut mir da aus dem Spiegel entgegen? Ich setze mich ans glimmende Lagerfeuer. Die Restwärme tut gut. Ein Reißverschlussgeräusch. Joshua blinzelt blass in die Sonne. »Du, Papa, ich bin aus Versehen mit meinen Sportklamotten schlafen gegangen und in deinen Schlafsack gekrochen.«

Paradiesisch. Fast …

Wieder Zu Hause. Ich bringe meinen Sohn ins Bett. Ich frage ihn, was ihm am Vater-Sohn-Wochenende am besten gefallen hat: »Das Kanufahren und dass du ein so toller Papa bist.« Sagt er und schlingt seine Arme um mich: »Ich habe dich lieb!« Schluckend drücke ich ihn ebenfalls. »Ich dich auch, mein Großer! Aber noch lieber bist du mir ohne Magen-Darm-Virus.« Lachen. »Und wir halten zusammen wie Robinson und Freitag.« »Machen das Beste aus dem Scheiß-Virus, wie Joseph in Ägypten.«

Paradiesisch. Fast …

Diese Wirklichkeit spiegeln auch die Männergeschichten von Fabian Vogt wider. Es sind Storys in Moll und Dur. Zwischen Himmel und Erde, Abend und Morgen, Gelingen und Scheitern, Siegen und Fallen. Sie nehmen Männer und Frauen mit hinein ins pralle Leben, schildern mit einem humorvollen Zungenschlag den paradiesischen Schein und das alltägliche Sein. Fast …

Männerüberraschung ist eine Einladung zum Lachen, Mitfiebern, Vorlesen, Diskutieren, Schmunzeln, Sich-Widerfinden, Weiterkämpfen und Reifen, Lieben und Entspannen als Männer und Frauen mitten im Alltag.

Paradiesisch. Fast …

Ihr

Rüdiger Jope

Chefredakteur Männermagazin MOVO

PS: Einen Tag später erwischte Papa das Virus zu Hause. O-Ton Joshua: »Heute Abend lese ich dir im Bett vor.« Dem Wort folgte die Tat. Stolz wie Bolle las er seinem blassen Papa das erste Mal vor. Wir lachten beide über Karlsson vom Dach und den tobenden Hausbock.

ÜBERRASCHUNG!

Ü-EInleitung

Manchmal ist das Leben wie ein Überraschungsei: Du ziehst die glitzernde Folie ab, in die wir uns als Männer so gerne hüllen, und entdeckst plötzlich die wahren Schokoladenseiten des Daseins. Lecker! Und wenn du die so richtig genossen hast, dann siehst du: Wow, darunter verbirgt sich meist sogar noch eine Überraschung – entweder ein Charakter(zug), den du noch gar nicht kanntest … oder einige verheißungsvolle Bauteile, aus denen man herrlich was basteln kann.

Ich liebe Überraschungseier! Oder wie echte Fans sagen: Ü-Eier. Und ich liebe Erfahrungen, die diesen Überraschungsei-Effekt in sich haben – und mir Lust machen, den verborgenen Facetten des Mannseins spielerisch auf den Grund zu gehen. Nach dem Motto: Lasst uns das Leben auspacken!

Die Texte in diesem Buch sind solche Ü-Ei-Storys. Kurz und knackig, haben sie alle mit einem der letzten Mysterien des 21. Jahrhunderts zu tun: Was bedeutet es, ein Mann zu sein? Kein Wunder: Die meisten dieser frechen Texte habe ich für das Männermagazin MOVO geschrieben. Und weil ich nicht nur Autor, sondern auch Kabarettist bin, zeige ich besonders gerne, wie viel Komik in den Situationen steckt, in die wir Männer gelegentlich geraten.

Nebenbei: Ein Ü-Ei enthält genau 20 Gramm Schokolode. Das ist zwar eine ziemlich sinnlose Information – kann aber auf mancher Party oder in der Frühstückspause im Büro schwer Eindruck schinden. Darum haben wir meine heiteren Texte mit ein bisschen »Angeberwissen« angereichert. Wer weiß, wofür es gut ist! Und wenn wir schon dabei sind: Ü-Eier gibt es in Deutschland seit 1974 … jedes Jahr mit rund 150 verschiedenen Bausätzen und etwa 20 Figuren-Serien. Das sind so lustige kleine Statuen, die dann in der Werbung animiert rumhüpfen und singen: »Wir sind jetzt mit dabei – in jedem siebten Ei.« Großartig.

Trotzdem haben die meisten Männer, wenn sie das Wort »Überraschungsei« hören, als Erstes einen Werbefilm im Ohr, der gefühlte Ewigkeiten zu sehen war: »Was wollt ihr, Kinder? Etwas Spannendes, etwas zum Spielen und Schokolade. Das sind ja gleich drei Sachen auf einmal«, sagt das lächelnde Elternteil und weiß natürlich, wie man diese Dreieinigkeit kindlicher Wünsche erfüllt. Ich hoffe, dass meine kleine Sammlung von Ü-Ei-Storys ebenfalls auf mehrfache Weise guttut: weil sie zum Schmunzeln bringt, weil man sie genießen kann und weil sie Lust zum Weiterdenken macht.

MÄNNER? GANZ KLAR: DIE SIND »GEMACHT, UM DIE WELT ZU ÜBERRASCHEN«!

Mich überrascht (und verblüfft) übrigens regelmäßig, in wie vielen existenziellen Themen spirituelle Aspekte mitschwingen. Vielleicht, weil die großen Fragen des Lebens (und des Mannseins) eben doch nicht aus uns selbst heraus zu beantworten sind. Also nicht wundern, wenn ich als Teilzeit-Pfarrer gelegentlich eine Prise »Theologie« mit einfließen lasse. Mir zumindest hilft das, mich und meinen Testosteronspiegel besser zu verstehen.

Und wenn mich jetzt jemand fragt, wie man das Phänomen »Mann« denn halbwegs umfassend beschreiben kann, dann antworte ich gerne mit dem zweitbekanntesten Slogan der Überraschungseier. Männer? Ganz klar: Die sind »gemacht, um die Welt zu überraschen«!

In diesem Sinne wünsche ich eine anregende Lektüre, viele Schokoladenseiten und jede Menge Überraschungen.

Fabian Vogt

TARZAN-GENE

Hier! Der Neandertaler lebt«, rief Jochen und hielt uns eine Zeitung entgegen, während er wieder mal zu spät zu unserem Männerkreis kam. »Nee«, raunzte Thomas, »der ist vor 30 000 Jahren ausgestorben.«

»Eben nicht!« Jochen war ganz beglückt. »Er lebt. In uns! Hier steht's: Zwei Prozent unserer DNA stammen vom Neandertaler.« Schweigen. Leise murmelte Andreas: »Nun, wenn ich dich so anschaue, könnten es auch deutlich mehr sein. Achtzig vielleicht.«

»Haha, ganz witzig.« Erneut hielt Jochen seine Zeitung hoch. »Mal ernsthaft: Wissenschaftler haben herausgefunden, dass es offensichtlich Liebesbeziehungen zwischen dem Homo sapiens und den Neandertalern gegeben hat.«

»Ach, so Kraul-mich-auf-dem-Mammutfell oder was?« Thomas musste sich ein Lachen verkneifen. »Ich vermute mal, es war eher so: Der Neandertaler stürmte auf ein Homo-sapiens-Weibchen zu und grunzte: ›Brust … oder Keule!?‹«

Jochen schüttelte den Kopf. »Egal. Wie dem auch sei: In uns ist Neandertaler-DNA und man weiß jetzt auch, dass dieses Erbgut maßgeblich das Risiko für einige Krankheiten erhöht: zum Beispiel für Diabetes, Nikotinsucht oder Depression.«

»Ja«, bemerkte ich, »vermutlich sind die Neandertaler deshalb auch ausgestorben. Depressiv-diabetische Kettenraucher haben ja ohne Insulin keine besonders lange Lebenserwartung.«

Allmählich wurde Jochen sauer: »Könnt ihr bitte einmal bei der Sache bleiben. Die Neandertaler-DNA hat nämlich wesentlich dazu beigetragen, dass der aus Afrika kommende Homo sapiens überhaupt im kalten Norden überleben konnte. Außerdem …«

Er musste plötzlich grinsen: »Angeblich wollen Frauen ja, dass wir Männer wieder den strammen Naturburschen in uns entdecken. Ihr kennt doch bestimmt das schöne Chanson: ›Ein Neandertaler, ein Neandertaler, gegen den wär'n mir die andern Männer schnurz. Die sind niedlich, die sind schwächlich, so 'nen strammen Tarzan möcht' ich.‹ Da hört ihr's. Wir müssen den in uns angelegten Tarzan wiederentdecken und dann rauslassen.«

Thomas nickte: »Super Idee. Ich glaube auch nicht, dass ein Neandertaler jemals die Geschirrspülmaschine ausräumen musste. Das heißt: Meine Unlust an der Hausarbeit ist genetisch. Ich kann da gar nichts für. Was für eine Erleichterung.«

DA HÖRT IHR'S: WIR MÜSSEN DEN IN UNS ANGELEGTEN TARZAN WIEDER-ENTDECKEN UND DANN RAUSLASSEN.

Man mag es nicht für möglich halten, aber nach diesem Einstieg hatten wir tatsächlich einen großartigen Abend zusammen. Einen Abend, in dem es um die herausfordernde Frage ging, wie sehr wohl ein Mensch von seinem Erbmaterial geprägt wird. Und da kamen wir von den Neandertalern ganz schnell zu den Eigenschaften, die wir von unseren Eltern und Großeltern mitbekommen haben. Und viele ertappten sich dabei, dass sie bestimmte Entscheidungen in ihrem Leben auch deshalb gefällt haben, weil ihnen Wesenszüge ihrer Vorfahren in die Wiege gelegt wurden.

Da konnte ich dann zum Glück auch mal den Theologen heraushängen lassen: »Wisst ihr, der Kirchenvater Augustinus hat den Begriff Erbsünde damals gar nicht erfunden, um den Menschen ein schlechtes Gewissen zu machen, sondern um zu verdeutlich, wie sehr wir von Anfang an von unserem Erbe bestimmt werden.«

Als ich abends ins Schlafzimmer schlich, überkam es mich plötzlich: Ich gab einen animalischen Brunftlaut von mir. Tarzanmäßig. Doch meine Frau kicherte nur: »Du hast bestimmt den Artikel über die Neandertaler gelesen. Vergiss es!«

FEINFÜHLIG

Meine Frau nimmt die Wirklichkeit anders war als ich. Völlig anders! Wäre unser Leben ein Science-Fiction-Roman, würde ich sogar behaupten: Sie lebt in einer Parallelwelt. In einem fernen Universum, in dem zufällig die gleichen Möbel stehen. Und in dem Frauen so ganz anders sind als ... äh ... Menschen.

Neulich zum Beispiel: Wir kommen von einer Party bei Freunden zurück. Und während ich im Auto in erwartungsvoller Hoffnung auf einen leidenschaftlichen Tagesausklang meine Hand auf ihr Bein gleiten lasse, sagt sie: »Das ist echt unglaublich ...«

Voller Panik ziehe ich meine Hand zurück. Was habe ich denn jetzt schon wieder falsch gemacht? Darf man nach den ganzen Sexskandalen bei den Promis nicht mal mehr die eigene Frau streicheln? Wird sie mich demnächst anzeigen? Oder denkt sie an irgendeine andere »Sünde«, die ich in ihren Augen begangen habe – kürzlich oder irgendwann mal? Bei meiner Frau gibt es nämlich keine Verjährungsfrist. Die kann längst vergangene Fehler meinerseits noch nach Jahrzehnten mit vorwurfsvollster Stimme aufs Tablett bringen, wenn es gerade passt: »Damals hast du doch ...«

Also: Was ist es diesmal? War ich ihr zu fordernd? Habe ich den Müll nicht richtig getrennt? Durften die Kinder zu lange an ihren Computern spielen? (Gut, ich habe natürlich mitgespielt.) Habe ich dummerweise versprochen, den Keller aufzuräumen – und mein Versprechen nicht gehalten? Oder habe ich heute Abend auf der Party mit einer anderen attraktiven Frau zu engagiert geredet?

»Hättest du das gedacht?«, stört meine Frau meinen inneren Reflexionsprozess.

Ja, mein Gott, was denn? Erklär mir doch einfach mal, worum es geht, bevor ich mich vor lauter Verzweiflung selbst zerfleische. Was willst du von mir, Wesen?

»Sag nur, du hast nichts gemerkt?«

Jetzt bleibt mir nur die Improvisation. »Doch! Der Rioja war letztes Mal süffiger.«

Sie seufzt. Und zwar so, dass darin mitschwingt: *Hätte ich einen Amboss geheiratet, wäre der wahrscheinlich deutlich feinfühliger*. Schnippisch sagt sie: »Nein. Andrea und Karsten haben eine massive Krise und stehen kurz vor der Scheidung.«

»Echt? Ich habe total lang mit Karsten geredet. Der hat keinen Ton gesagt.«

»Worüber habt ihr denn geredet?«

»Pff… die Eintracht. Putin… den neuen Star Wars… und unsere Jobs.«

»Siehst du, und ich habe die Traurigkeit in seinen Augen bemerkt und ihn einfach gefragt, was los ist. Da ist es nur so aus ihm rausgebrochen.«

Obwohl ich beim Autofahren nach vorne schauen muss, spüre ich, dass mich ihre Blicke von der Seite durchbohren: »Jetzt sag bloß nicht, du hast auch nicht mitbekommen, dass Karin wieder eine depressive Phase hat, dass Jürgen überlegt, die Gemeinde zu verlassen, und dass dein… ja, dein Freund Michi gerade extreme Geldprobleme hat, weil seine verletzte Mutter irgendwie nicht richtig krankenversichert ist…«

»JETZT SAG BLOSS NICHT, DAS HAST DU NICHT MITBEKOMMEN?!«, SAGT MEINE MIR ANGETRAUTE.

Ich räuspere mich: »Äh nun… so was habe ich schon gespürt.« Habe ich natürlich nicht! Das war doch eine total relaxte Party. Dachte ich jedenfalls. Und jetzt muss ich herausfinden, dass meine mir Angetraute offensichtlich auf einem völlig anderen Fest war.

»Sag' was!«

Ich schlucke und stottere: »Der Motor vom Auto läuft nicht ganz rund. Ich werde morgen mal in die Werkstatt fahren. Sag jetzt bloß nicht, das hast du nicht gehört?!«

ANGEBER-WISSEN FÜR DIE FRÜHSTÜCKS-PAUSE

Thema: **Frauen / Männer**

0 %

stieg die Menge des Stresshormons Cortisol bei Frauen an, die an einer Stressstudie teilnahmen, obwohl sie sich genauso gestresst fühlten wie die Männer. Dass nur bei Männern der Cortisolspiegel stieg, mag erklären, warum Männer auf Stress meist aggressiv reagieren, während Frauen eher versuchen, sich mit der gegebenen Situation anzufreunden.

1000

Zusatzgene haben Männer in der Leber, die es ihnen ermöglichen, Alkohol relativ schnell abzubauen. Dies ist der Grund, warum Männer tatsächlich mehr Alkohol vertragen als Frauen.

11 %

mehr Neuronen im Sprach- und Gehörzentrum des Hirns sind der Grund, dass Frauen besser hören als Männer und besser die Nuancen – beispielsweise von Babygeschrei – wahrnehmen. Das männliche Hörsystem ist aufgrund des Testosterons ganz anders entwickelt. Unerwünschte Laute werden einfach ausgeblendet. Wenn eine Person sich mehrmals wiederholt, registriert das männliche Hirn dies als »ungewolltes wiederholtes akustisches Stimulius« und hört es tatsächlich nicht mehr.

6,4

verschiedenen Frauen teilt ein durchschnittlicher Mann im Laufe seines Lebens mit, dass er sie liebe. Frauen sind mit 5,7 »Ich liebe dich«-Bekenntnissen etwas zurückhaltender.

15 Jahre

hält die durchschnittliche Ehe in Deutschland. Bei der Hochzeit ist heutzutage die Frau im Durchschnitt schon 31,5 Jahre und der Mann sogar 34 Jahre alt. Die Scheidungsrate liegt zurzeit bei fast 40 %.

18–60-jährige

Frauen sind eindeutig besser in Multitasking als Männer. Das bestätigt eine Studie der Schweizer Uniklinik Balgrist, die Probanden auf einem Laufband gehen und gleichzeitig einen Sprachtest absolvieren ließ. Junge Frauen hatten keine Probleme, beides zu bewältigen, bei den Männern brach die Symmetrie der Bewegungen zusammen.

Die Traumfrau – Der Traummann

(laut Statistik)

»Möglichst normal und doch irgendwie besonders« Traumgesicht = Durchschnitt aller Frauengesichter + besonderes Merkmal (z. B. große Augen)

Traumgesicht = Durchschnitt aller Männergesichter + besonderes Merkmal (z. B. kantiges Kinn)

Männer träumen von Körbchengröße C (die Durchschnittsgröße liegt bei B).

Am attraktivsten gilt das Verhältnis Taille:Hüfte 9:10 (in Wirklichkeit 9,2:10)

Am attraktivsten gilt das Verhältnis Taille:Hüfte 7:10 (in Wirklichkeit 8,3:10)

Frauen stehen auf ganze 16 cm Länge (der Durchschnitt liegt bei 13,7 cm). Zum Glück haben Frauen aber die Tendenz, die wirkliche Länge grob zu überschätzen.

Keine Schönheit zu sein, hat einen Riesenvorteil: Die Beziehung hält länger! Eine Harvard-Studie von 2017 erwies: Schöne Menschen haben ein größeres Interesse an alternativen Partnern und führen kürzere Beziehungen.

Frauen finden an ihren fruchtbarsten Tagen vor allem starke Männer attraktiv, die restlichen 24 Tage fühlen sie sich eher zu liebevollen Männern hingezogen.

ZAHN UM ZAHN

Die gebrannten Mandeln waren schuld. Ein deftiges Krachen in meinem Mund … und ich wusste sofort: Das war nicht die Mandel, das war ein Zahn. Mist. Und meine rastlose Zunge bestätigte mir von da an alle 10 Sekunden: Da ist was abgebrochen. Und zwar ein riesiges Stück. *Panik!*

Dazu muss man wissen: Zum Zahnarzt gehen, ist auf meiner Beliebtheitsskala ungefähr auf einer Ebene mit Waterboarding und dem Auftauchen von drei aggressiven Pitbull-Terriern in meinem Badezimmer, wenn ich nichts anhabe. Aber als meine Zunge vom ständigen »Befühlen des Unfallortes« schon ganz wund war, erkannte ich: Ich kann den bohrenden Fragen nicht mehr ausweichen. Ich muss zum Dentisten.

Zwei Tage später führte mich eine diabolisch grinsende Sprechstundenhilfe ins Behandlungszimmer. Mein schwacher Versuch, den Zahnarzt mit einem fröhlichen »Über sieben Brücken musst du gehen« zu begrüßen, konnte meine Stimmung auch nicht aufhellen. Nebenbei: Ich versuche ganz oft, meine Ängste mit Humor zu besiegen, und hatte mir schon überlegt: Die schönste Antwort auf: »Sie brauchen eine Krone!«, wäre doch: »Endlich erkennt es mal jemand.«

Aber der Arzt schaute nur eine gefühlte Ewigkeit in meinen aufgerissenen Schlund, gab mehrere besorgte »Oh, Oh« von sich – und erklärte dann freundlich: »Ist nicht so schlimm, eine Plombe ist rausgesprungen und eine Ecke vom Zahn weg, aber das bekomme ich mit ein bisschen Bohren wieder hin.«

Und dann stellte er mir eine … nein, *die* alles entscheidende Frage, die bis heute in mir widerhallt: »Wie sieht es aus, Herr Vogt: Sind Sie ein Mann oder eine Memme?«

Hä? Er sah mein entsetztes Gesicht und grinste: »Na, ohne Betäubung oder mit? Sie wissen doch: Es gibt echte Kerle … und diejenigen, die eher zartbesaitet daherkommen.« Dann fügte er hinzu: »Ist aber keine Schande. Ich verpass' Ihnen auch eine Vollnarkose, wenn Sie eher so ein Angst-Typ sind.«

Angst-Typ? Ich? Was erlaubte der Kerl sich? Na, diesem Halbtod in Weiß würde ich's zeigen. Also erklärte ich mit voluminöser Batman-Stimme: »Pah, Betäubung… brauch ich nicht. Ich bin ein Mann!«

Ja, und da saß ich dann. Krallte meine Hände in die Armlehnen und versuchte krampfhaft, den grausamen Schmerz zu ertragen. Dabei bin ich überzeugt, dass dieser seltsame »Onkel Doktor« seinen Bohrer mit Absicht immer und immer wieder in meinen Zahnnerv geschoben hat, um mich zu testen. Aber ich bin hart geblieben. Ich wollte gerade vor der bedrohlichen Sprechstundenhilfe mein Gesicht nicht verlieren. Und als der Arzt sagte: »Geht deutlich tiefer, als ich dachte. Soll ich nicht doch betäuben?«, ließ ich mich nicht zum Aufgeben verführen. Ich bin ein Mann! Ich bin ein Mann!

DIE SCHÖNSTE ANTWORT AUF: »SIE BRAUCHEN EINE KRONE!«, WÄRE DOCH: »ENDLICH ERKENNT ES MAL JEMAND.«

Genau mit diesen Worten erzählte ich dann auch meiner Frau von meinen heldenhaften Erlebnissen: Ich bin ein Mann! Woraufhin sie sagte: »Du bist kein Mann! Du bist ein Idiot!« Womit mir schlagartig klar wurde, dass sie mich für mein vermeintliches Heldentum wohl nicht – wie erhofft – mit Zärtlichkeiten überschütten würde.

Nein. Meine Frau stand vor mir wie eine Furie: »Wie blöd kann man eigentlich sein? Oder anders gefragt: Hat dein sinnloses Schaut-her-ich-bin-ein-Mann-Getue dir irgendwas gebracht außer Schmerzen? Und das alles, weil dich dieser Mundklempner provoziert hat. Ihr Männer seid so primitiv.«

Mein Tipp: Versuch nicht, ein Mann zu sein, sei einfach ein Mensch.

HAND AUFS HERZ

Ich rücke im Bett ein wenig näher an meine Liebste heran und säusele in ihr Ohr: »Lege mich wie ein Siegel auf dein Herz. Denn die Glut der Liebe ist feurig und eine Flamme des Herrn. So steht es im Hohelied der Liebe.«

Sie grunzt. »Hör auf, mich vollzusülzen. Ich weiß genau, was du willst.«

»Nur kuscheln«, sag ich.

Da lacht sie sich halb tot. »Ha ha …«, es klingt ein bisschen gekünstelt.

»Wirklich!« Ich bin beleidigt. Tue zumindest so: »Auch Männer wollen manchmal einfach nur kuscheln.« Dann schmiege ich mich eng an sie.

»Ähem … ähem, ähem!« Ihr Räuspern durchdringt die romantische Stille. »Was macht deine Hand da?«

»Sie spürt deinen Herzschlag!«, erwidere ich zärtlich.

Sie faucht mich an: »Quatsch! Mein Herz muss nicht geknetet werden.«

Ich seufze. »Schatz, an irgendwas muss ich mich doch festhalten. Sonst kippe ich um. Ich bin quasi in einer Art labilen Seitenlage. Und da ist die Frau nun mal perfekt vom Schöpfer ausgestattet, um …«

Sie wischt meine Hand weg. Daraufhin knallt mein Gesicht in ihr Schulterblatt. Verzweifelt versuche ich mich, an ihrem Po hochzudrücken. Damit ich überhaupt wieder Luft bekomme.

»Finger weg!«

»Ich möchte dir doch einfach nur nah sein.«

Sie dreht sich zu mir: »Wenn ich dir erlaube, mich zu berühren, dann willst du gleich wieder mehr …«

»Aber nein«, unterbreche ich sie, »ich schwöre den heiligen Eid des Sokristenes.«

»Wer soll das denn sein?«

»Äh … ein bedeutender griechischer Philosoph. Er hat einst gesagt: … Wenn ich mein Versprechen nicht halte, behandele mich wie einen Sklaven.«

»Ich glaub dir kein Wort. Den Typen gibt's überhaupt nicht.«

Traurig sage ich: »Du bist immer so misstrauisch. Entspann dich doch mal.«

ICH BIN BELEIDIGT. TUE ZUMINDEST SO: »AUCH MÄNNER WOLLEN MANCHMAL EINFACH NUR KUSCHELN.«

Sie faucht: »Ohne dich wäre ich total entspannt.«

»Sokristenes will uns sagen, dass wir alle Ehre verlieren, wenn wir unsere Zusagen nicht einlösen. Und dann wie Sklaven, was weiß ich, wochenlang die Geschirrspülmaschine ausräumen müssen. Das ist jetzt natürlich eine moderne Auslegung.«

Sie nickt und dreht sich brummend um. Und ich lege meine Hand auf ihr Herz.

Natürlich find ich das nach kurzer Zeit doch erregend … sehr erregend sogar.

Nun, jetzt räume ich seit zwei Wochen die Geschirrspülmaschine aus. Nachdem ich einen langen Wikipedia-Eintrag über »Sokristenes« erfunden habe.

Andererseits: Die Nacht war es wert.

Eine Woche später sagte meine Frau bei einem schönen Glas Wein: »Ich hatte an dem Abend auch Lust. Aber da du dich seit Längerem vor der Hausarbeit gedrückt hattest, wollte ich mal testen, welche Zugeständnisse ich bekommen kann. Wie bescheuert: Der Eid des Sokristenes. Ich kenn dich inzwischen so gut …«

Dann hat sie mich geküsst.

TIERISCH GUT

Die stark geschminkte Frau druckste ein wenig rum. Schließlich zog sie mich zur Seite und sagte leise: »Herr Pfarrer, ich habe da ein kleines Problem mit meinem Xoloitzcuintle.«

O Gott, dachte ich, *die Arme!* Bis mir klar wurde, dass ich überhaupt keine Ahnung hatte, wovon sie überhaupt sprach.

Jetzt war es an mir herumzudrucksen. »Äh, mit Ihrem … was?«

»Mit meinem Xoloitzcuintle.« Sie deutete mit einer unklaren Bewegung nach unten, auf den Boden vor sich, wo ein leberwurstfarbenes Etwas zwischen ihren Füßen hockte und mich böse anknurrte. Instinktiv trat ich einen Schritt zurück.

»O je … o jemine, das arme Tier, was ist dem Kleinen denn Schreckliches zugestoßen? Der hat ja gar kein Fell mehr.«

Sie schaute mich genervt an: »Das ist ein mexikanischer Nackthund.«

Erleichtert atmete ich auf: »Ach so, jetzt erinnere ich mich. Das ist diese Rasse, die bei den Azteken als Delikatesse galt. Ihr Geschmack soll ja angeblich an …«

Jetzt knurrten Hundchen und Frauchen gleichzeitig, als hätten sie sich abgesprochen – und ich zog es vor, meinen Satz nicht zu Ende zu führen.

»Wissen Sie, Herr Pfarrer, mein kleiner, reinrassiger Xoloitzcuintle hatte eine sehr schwere Jugend. Tierheim, Liebesentzug und vieles mehr. Und da dachte ich mir: Vielleicht könnten Sie ihn einfach mal segnen. Das täte ihm bestimmt gut.«

»Ach ja …«, ich wusste überhaupt nicht, was ich sagen sollte. Schließlich stotterte ich: »Mit Tiersegnungen ist das so eine Sache.«

Wieder kam ein Knurren. Diesmal konnte ich aber nicht sagen, ob von ihr oder dem Hund. »Sehen Sie, Herr Pfarrer, ich habe da mal recherchiert. Die ersten Geschöpfe, die in der Bibel gesegnet werden, sind die Tiere. Noch vor dem Menschen. Es scheint Gott also wichtig zu sein, dass Tiere gesegnet werden. Und Franziskus – also nicht der Papst, sondern der Heilige aus Assisi – hat ja den Tieren sogar leidenschaftlich gepredigt.«

»Ja«, entfuhr es mir, »der war aber auch Katholik. Und die katholische Kirche ist beim Segnen schon immer ziemlich verschwenderisch gewesen. Sie wissen ja: Feuerwehrautos, Häuser, Musikinstrumente, Eheringe, Fabrikhallen – die segnen eigentlich alles, was nicht wegläuft. Wir Protestanten dagegen segnen immer nur Menschen.«

Erbost unterbrach sie mich: »Das heißt, sie wissen es besser als Gott, oder wie? Und mein armer Xoloitzcuintle soll auf den Segen verzichten.«

»Aber nein«, versuchte ich die Situation zu retten, »weil Tiere nach protestantischem Verständnis nicht sündigen können, können sie den einmal von Gott zugesprochenen Segen auch nicht verlieren – deshalb müssen sie gar nicht …«

»Da kennen Sie meinen Kleinen aber schlecht. Der hat gestern eine große Salatschüssel vom Tisch geschubst, mit voller Absicht. Das habe ich in seinen Augen gesehen. Ich will, dass Sie dieses leidende Geschöpf segnen.« Der Hund fletschte derweil die Zähne, als würde er jede Hand, die sich ihm nähert, direkt zerfleischen. »Bitte, ich flehe sie an.«

Ich schaute ängstlich um mich, ob uns jemand sehen würde, dann streckte ich dezent meine Finger über den Hund und sagte: »Gott, segne dich.« Während eine Stimme in mir rief: »Ich meine ja das Frauchen, es geht mir um das eigentlich leidende Geschöpf.«

Die Dame strahlte mich an. Unendlich erleichtert. Dann flüsterte sie: »Ach ja, eine Freundin von mir hat auch einen Xoloitzcuintle. Und die liebt ihn wirklich. Jetzt … also, es gibt doch jetzt diese Ehe für alle, meinen Sie, dass da was machbar wäre?«

ANGEBER-WISSEN FÜR DIE FRÜHSTÜCKS-PAUSE

Thema: **Sex**

28 000

Jahre ist die älteste Phallus-Darstellung der Welt alt. Der **Altsteinzeit-Penis** wurde von Höhlenmenschen der Schwäbischen Alb aus Siltstein gemeißelt und ist stolze 19,2 cm lang. Er wurde auch als Schlagstein eingesetzt.

1998

wurde bei dem (erfolglosen) Versuch, ein Mittel gegen koronare Herzerkrankung zu entwickeln, aus Zufall **Viagra** (Sildenafil) entdeckt – mit 1,8 Milliarden verkauften Tabletten das erfolgreichste Medikament weltweit.

Häufigkeit –

so oft haben die Einwohner im Jahresdurchschnitt Sex:

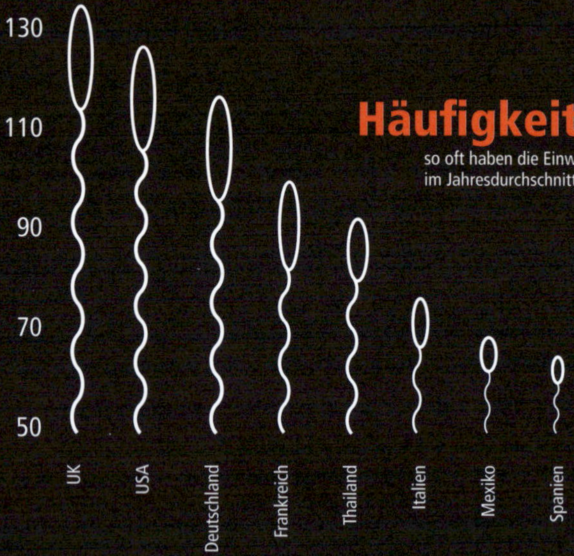

1525

Luthers Eheschließung mit Katharina von Bora bestand (wie damals üblich) aus dem erfolgreichen Vollzug der Ehe unter dem Beisein von zwei Zeugen (der Zeuge Bugenhagen kommentierte später, das Ereignis habe ihn zu Tränen gerührt). Die Trauzeugen geleiteten das geschmückte Paar ins Schlafzimmer. Nach einer kurzen Ansprache wurden sie »unter ihre erste gemeinsame Decke gesteckt«. Von diesem Ritual stammt die umgangssprachliche Redewendung »unter einer Decke stecken«.

55/45

steht die Chance, einen **Jungen** zu bekommen, wenn der Geschlechtsakt 4–6 Tage vor (anstatt kurz vor oder nach) dem Eisprung stattfindet.

Alle 7 Sek.

sollen Männer angeblich **an Sex denken**. Die Forscher der Ohio State University stellten allerdings fest: Sogar junge Studenten denken »nur 19 Mal pro Tag an Sex (Studentinnen 10 Mal pro Tag).

44,8

km/h ist die durchschnittliche **Fließgeschwindigkeit von Spermien**.

Infografik: Bernd A. Hartwig, Redaktion: Dr. Anita Kullen, Icons, Illu: Fotolia, Flaticon, Zahlen gesammelt aus: Hier stehe ich, es war ganz anders, (Andreas Malessa), Spiegel.de, Bild.de, cryptosavvy.com, mopo.de, psychologytoday.com

TOTAL ABGEHOBEN

Als ich meine heutige Frau damals angebalzt habe, hat sie mich als Erstes gefragt: »Es gibt 3,5 Milliarden Männer – warum sollte ich ausgerechnet dich nehmen?«

Äh … da musste ich erst mal selbst drüber nachdenken. Aber mir war sofort klar: Der werde ich zeigen, was ich draufhabe. Und weil ich einen Segelflugschein besitze, habe ich ihr gespielt lässig in die Augen geschaut und gesagt: »Na, Lust auf einen kleinen Rundflug?«

Sie hatte Lust. Und dann glaubte ich für einen kurzen Moment wahrhaftig, der Himmel wolle mir alle Wege ebnen: Wir kommen an den Flugplatz, zufälligerweise ist gerade ein eleganter Doppelsitzer frei (was sonst nie passiert), wir finden direkt einen thermischen Aufwind, mit dessen Unterstützung ich uns auf 1200 Meter Höhe bringe – und dann gleiten wir sanft zwischen flauschigen Kumuluswolken dahin. Ein Traum. Romantik pur. Und ich denke mir schon: *So, die Sache ist geritzt*. Ich Narr!

Denn plötzlich erklingt ihre Stimme von hinten (im Segelflugzeug sitzt der Gast auf dem Rücksitz): »Ist das alles? Flieg doch mal was Aufregenderes?« Was Aufregenderes? Weiß sie, was sie da redet?

Zögernd erwidere ich: »Bist du dir sicher? Ich meine, du hast gesagt, dass wäre dein erster Segelflug. Und es ist doch gerade so herrlich entspannt.« Doch sie lacht nur: »Entspannt ist was für Weicheier. Mach was Spektakuläres!«

Nun habe ich zwar keinerlei Kunstflugausbildung, aber mit einem Flugzeug lässt sich auch so in der Luft allerlei Schabernack treiben. Und wenn sie das unbedingt ausprobieren will …

Also lege ich mit ganzer Leidenschaft los: einige hochgezogene Fahrtkurven, ein angedeuteter Turn, zackige Rollbewegungen, ein

Strömungsabriss … und noch so ein paar lustige Übungen, gegen die eine Achterbahn wie ein Kinderkarussell aussieht. Und ich freue mich, als der Anzeiger, der die Fliehkräfte misst, fröhlich in die Höhe steigt. Ich meine: Sie hat es ja so gewollt. Jetzt aber!

Gerade als ich so richtig in Fahrt komme, höre ich hinter mir das Geräusch, das Segelflieger nach dem Zerbrechen eines Flügels am meisten fürchten: »Buöhhhh …« So eine Mischung aus Röcheln, Gurgeln und Husten – und ich weiß sofort: Sie kübelt sich gerade die Seele aus dem Leib. Nun, während mich süßliche Düfte umwehen, schwindet gleichzeitig meine Liebeseuphorie: Meine Angebetete kotzt … wegen mir. Möglicherweise war diese Wolkenturnerei doch nicht der ideale Weg, sie zu umwerben.

SIE LACHT: »ENTSPANNT IST WAS FÜR WEICHEIER. MACH WAS SPEKTAKULÄRES!«

Nachdem ich uns wieder in eine ruhige Fluglage gebracht habe, frage ich: »Alles klar bei dir?« – »Äh, ja. Das meiste ging in die Tüte. Aber ich glaube, mir war noch nie so schlecht. Ich werde erst mal 'ne Runde schlafen.«

Spricht's und fällt in eine Art Dämmerzustand. Zumindest rührt sich die nächsten 30 Minuten hinter mir nichts mehr. Totenstille. Kurz mache ich mir schon Sorgen, sie könne ins Koma gefallen sein, doch irgendwann ertönt ihre Stimme wieder, sehr ruhig: »Ich glaube, wir sollten jetzt landen.«

Na großartig, durchfährt es mich. *Die Geschichte ist total in die Hose gegangen. Mist Mist Mist! Chance verpasst. Alles versiebt.*

Ich könnte auch kotzen. Aber aus anderen Gründen. Dabei finde ich sie so wundervoll.

In diesem Moment – wir stehen inzwischen neben dem Flugzeug – sagt sie (mit der Tüte in der Hand): »Ich möchte gerne mit dir zusammen sein. Weißt du: Du bist der erste Mann, bei dem ich einfach eingeschlafen bin, weil ich mich so sicher gefühlt habe. In 1200 Metern Höhe. Ich vertraue dir total. Wahnsinn. Halt! Bevor wir uns küssen, würde ich mir gerne die Zähne putzen.«

Und da heißt es noch: Marmor, Stein und Eisen bricht …

ECHT ABGEFAHREN!

Als meine Frau und ich frisch verheiratet waren, hatte sie noch einige Monate lang eine Stelle in Nordhessen, während ich in Südhessen gearbeitet habe. Sprich: Wir mussten anfangs eine Wochenendehe führen. Und unter uns: Das ist gar nicht mal so übel. Man geht sich während der Woche nicht auf die Nerven … und jedes Wochenende fühlt sich wie ein kleiner Liebesurlaub an, den man voller Leidenschaft genießt.

Zudem galt: Wenn ich es als Neu-Gatte vor lauter Sehnsucht überhaupt nicht mehr ausgehalten habe, bin ich nachts noch schnell in Frankfurt in einen ICE gesprungen, um, wie ich es gerne formuliere, aus dem römisch geprägten Kulturland südlich des Limes ins barbarische Hochland Waldhessens zu fahren, wo die Germanen noch bis kurz vor der Renaissance in Bärenpelzen rumgelaufen sind. Irgendwann nachts um 23:45 Uhr war das jeweils.

Entscheidend an diesem nächtlichen Zug war: Er musste pünktlich in Kassel sein. Und zwar unbedingt. Denn die Umsteigzeit zum alleraller-allerletzten Zug Richtung Hofgeismar betrug nur wenige Nano-Minuten, und ich wäre jämmerlich am Kasseler Hauptbahnhof gestrandet, wenn ich ihn verpasst hätte. Eine Vorstellung, die in ihrem Schreckenspotenzial für mich knapp hinter »Ich wache bei einer OP auf« und »Zombies fressen meine Eingeweide« kommt.

Trotzdem war es eines Nachts so weit: Die von Emotionalität befreite Stimme eines Zugbegleiters verkündete »Leider hat unser ICE derzeit eine Verspätung von 25 Minuten. Wir informieren sie darüber, welche Anschlusszüge sie noch erreichen.« Ich wusste sofort: Meinen Zug würde ich nicht bekommen. Und mein Albtraum drohte wahr zu werden: eine einsame Horrornacht am Kasseler Hauptbahnhof.

Also bemühte ich all mein Schauspieltalent und erklärte dem Schaffner mit tränenunterdrückter Stimme, in welches Dilemma, ja, in welches Armageddon mich diese katastrophale Verzögerung bringen würde. Ob er denn nicht bitten könne, dass der Anschlusszug auf mich wartet. Und siehe da: Er konnte!

So geschah es tatsächlich: Als ich mit rund 20-minütiger Verspätung am Kasseler Hauptbahnhof eintraf, stand dort tatsächlich der Regionalzug und wartete auf mich. Ja, auf mich allein! Ich sage euch: Das ist ein geiles Gefühl! Als ich erhobenen Hauptes den Bahnsteig entlangstolzierte, fühlte ich mich, als läge dort ein roter Teppich. Es hätte mich nicht mal verblüfft, wenn mich ein Heer von Journalisten mit einem Blitzlichtgewitter empfangen hätte. Ich war der Brad Pitt der Reisenden. Der König der Deutschen Bahn. Seine Majestät Fabian I.

Bis ich aus dem offenen Fenster eines Abteils plötzlich folgenden Satz hörte: »Das ist also das bescheuerte Arschloch, wegen dem wir jetzt alle zwanzig Minuten zu spät nach Hause kommen.«

Und *batsch* – von einem Moment auf den anderen war mein Hochgefühl verdampft. Und aus dem eben noch so selbstherrlichen Bahnsteighelden wurde ein beschämter Dummkopf, der am liebsten seinen Mantelkragen hochgeschlagen hätte; aber leider keinen besaß.

An diesem Tag habe ich ein Prinzip neu verstanden, das ich schrecklich finde, das aber gelegentlich unausweichlich scheint: Wenn einer gewinnt, dann verliert ein anderer. Traurig, aber wahr. Oder vielleicht doch nicht? Ich zumindest frage mich seither des Öfteren: »Wenn ich jetzt dies oder jenes tue, um zu gewinnen, wer wird darunter leiden?« Eine Perspektive, die mir immer wieder hilft, in Konflikten einen friedvollen Weg zu suchen.

Außerdem habe ich dadurch einen Satz von Jesus ganz neu verstanden, nämlich den mit den wunderbaren lutherischen Konjunktiven: »Was hülfe es dem Menschen, wenn er die ganze Welt gewönne und nähme doch Schaden an seiner Seele.«

Ich könnte mir vorstellen, dass Jesus damit von einer Welt träumt, in der es nur noch Gewinner gibt. Was ja in der Regel dann gelingt, wenn ein Mensch wahrhaft aus Liebe handelt.

MACHT NICHTS

Während ich neben Ralf durch den verschneiten Wald jogge, fängt er an, von seinem Chef zu erzählen. Wieder mal. Allerdings ist er diesmal besonders sauer. So sauer, dass seine Stimme – unterbrochen von heftigem Keuchen wegen der Anstrengung – in der klaren Luft ganz metallisch klingt.

»Stell dir vor: Der Typ hat echt einen Fehler gemacht. Diese neue Firmen-Software ist einfach Schrott. Dauert alles viel länger, keiner kann 'se bedienen … außerdem ist sie völlig unausgereift. Das weiß auch jeder. Aber weil da schon so viel investiert wurde, hat der Kerl nicht den Mumm, die Sache zu beenden. Also steckt er immer mehr Geld in irgendwelche sinnlosen Updates, anstatt seine Fehleinschätzung einzugestehen.«

MAN BRÄUCHTE SO WAS WIE EINEN »MACH-DIE-ENTSCHEIDUNG-RÜCKGÄNGIG-TAG«!

Ich bleibe schwer atmend stehen. »Was? Nur weil er Angst hat, sein Gesicht zu verlieren, investiert er ein Vermögen in eine Software, die keiner will?«

Ralf muss lachen, als er meine Empörung bemerkt. »Exakt! So ist es. Und: So was passiert bei uns in der Firma ständig. Jemand fällt eine falsche Entscheidung – aber, anstatt das Ganze mit Anstand zu beenden, werden Himmel und Hölle in Bewegung gesetzt, um das Falsche doch noch erfolgreich aussehen zu lassen.«

Er stützt sich mit den Armen auf seine Knie und klingt plötzlich ganz nachdenklich: »Aber um ehrlich zu sein: Ist mir auch privat schon öfter passiert. Zum Beispiel als ich ein Jahr nach London gegangen bin. Das hat unsere Ehe unglaublich belastet. Aber ich habe mir alles schöngeredet, weil ich es als Niederlage empfunden hätte, meine Zeit dort früher zu beenden.«

Ich wische mir den Schweiß von der Stirn. »Hey, eigentlich bräuchten wir so was wie einen Mach-die-Entscheidung-rückgängig-Tag. Das wäre doch geil, oder? Man trifft sich, jeder sagt, welche Dinge er im Nachhinein für falsch hält und wieder beenden will, alle rufen ›Macht nichts!‹ und die Sache ist in Ordnung.«

Ralf schaut mich an, als hätte ich mich vor seinen Augen in Papa Schlumpf verwandelt. Dann prustet er los: »Super. Das wäre auch was für die Politik. ›Sorry, das mit dem Brexit war eine Scheißidee. Würden wir gerne stornieren.‹ Macht nichts! ›Äh sorry, wir haben aus Versehen Donald Trump gewählt und möchten die Wahl annullieren.‹ Macht nichts! ›Um ehrlich zu sein: Der Einmarsch in die Ukraine war ein blöder Einfall. Wir ziehen uns zurück.‹ Macht nichts! Kann doch jedem mal passieren …«

»Ja, und solche Eingeständnisse hätten überhaupt keine negativen Folgen. Mensch, vielleicht sollten wir so einen Tag mal in unserer Gemeinde einführen. Das wäre doch Vergebung pur.«

Auf dem Rückweg fallen uns noch Dutzende gesellschaftliche und private Entscheidungen ein, die wir rückgängig machen würden. Hochspannend.

Als ich dann zu Hause aus der Dusche steige und nackt vor dem Spiegel stehe, kommt meine Frau ins Bad. Ich erzähle ihr sofort von diesem einzigartigen »Mach-die-Entscheidung-rückgängig-Tag«. Doch sie lacht nicht, sondern schaut mich ganz eigenartig an. Dabei wandert ihr Blick prüfend über mich. Sehr prüfend! Erschreckend lang.

»Du meinst, man kann dann jede … echt *jede* Wahl einfach so aufheben?«

Ich muss schlucken, aber sie gibt mir einen Kuss: »Rasiere deinen Bart wieder ab. Sieht doch nach nichts aus.«

ANGEBER-WISSEN FÜR DIE FRÜHSTÜCKS-PAUSE

Thema: **Bärte**

533 CM

misst der **längste Bart** der Welt. Er gehörte **Hans Langseth**, einem Norweger, der 1867 in die USA auswanderte und dort als **Farmer** lebte. Später trat er in einem **Wanderzirkus** auf. Seine Barthaare sind heute noch im ***Smithsonian Institute*** in Washington zu sehen.

50–100 RUBEL

kostete es im Russland des 17. Jahrhunderts, einen Bart zu tragen. Mit dieser **Bartsteuer** versuchte Zar Peter I. Russland zu modernisieren. Um einer **Zwangsrasur** zu entgehen, mussten Bartträger eine **Quittungsmünze** bei sich tragen.

5 NM

oder 0,000000005 m wächst im Schnitt ein **Männerbart pro Sekunde**.

3300 STUNDEN

verbringt ein Mann durchschnittlich im Leben mit **Rasieren** und entfernt dabei ungefähr **3,5 kg Bartstoppeln**.

66 %

aller Frauen und Männer finden **3-Tage-Bärte** am attraktivsten. Suchen Frauen den Mann fürs Leben, werden allerdings **Vollbärtige** bevorzugt.

~ 1500 V. CHR.

Im alten Ägypten trug der Pharao als göttliches Symbol einen mit Schnüren befestigten falschen Ziegenbart.

~ 700 V. CHR.

Assyrische und babylonische Herrscher haben mithilfe von Zangen ihre Bärte kunstvoll gekräuselt und mit Ölen gepflegt.

~ 0

Die Römer waren meist glatt rasiert. Die erste Rasur fand im 20. Lebensjahr statt und wurde den Göttern geopfert.

1830

Der Revoluzzerbart galt als politisches Statement von berühmten Kommunisten wie Karl Marx und später von Che Guevara oder Fidel Castro.

11 JAHRE ALT

war das Mädchen **Grace**, als sie in einem Brief an **Abraham Lincoln** vorschlug, sich einen Bart wachsen zu lassen, da er so wesentlich besser aussehen und so mehr Wähler bekommen würde. Lincoln folgte ihrem Rat, gewann die **Präsidentschaftswahl** und trug seither einen Bart.

2:1

steht es um die **Gesundheitswirkung** von Bärten. Ein Bart kann Staub- und Pollenallergikern helfen, da er wie ein **Filter** wirkt, auch schützt er zu 95 % vor **UV-Strahlung**. Auf der anderen Seite beeinträchtigt er die Wirkung von **FFP2-Gesichtsmasken** gegen Coronaviren, da die Maske eng am Gesicht liegen muss.

1535

wurde der berühmte Humanist **Sir Thomas More** hingerichtet. Auf dem Schafott soll er seinen **Bart zur Seite gezogen** haben mit den Worten: »Es wäre schade, wenn er durchtrennt werden würde, denn **der Bart hat nie Hochverrat verübt**.«

1871

Der Backen- und Schnauzbart von Kaiser Wilhelm I. verursachte eine wahre Bart-Euphorie. Im 1. Weltkrieg verschwanden die Bärte, da sie beim Aufsetzen von Gasmasken störten.

1921

Der *toothbrush beard* wurde von Schauspielern wie Charlie Chaplin getragen, bevor Hitler diesen Bart für immer unmöglich machte.

1999

Mit David Beckham, dem wohl berühmtesten 3-Tage-Bart-Träger, erreichten Haar- und Bartmodetrends auch die Fußballwelt.

Gestaltung: Bernd A. Hartwig | www.berndhartwig.de; Redaktion: Dr. Anita Kullen, Zahlen gesammelt aus Wikipedia, shavejack.ch, gesund.at, fitforfun.de, nextluxury.com, touregypt.net, pbs.org, der-roemer-shop.de, tagesspiegel.de, spiegel.de, t-online.de, Icons: Hartwig; Flaticon.com, Illu: Fotolia.com

SOCKENSCHUSS

Eigentlich wollte ich mir nur ein paar neue Socken bestellen. Online. Ging nicht anders: Bei den alten guckten fast überall die großen Zehen raus … und der letzte Sockenladen im Ort hat sich schon vor langer Zeit selbst auf die Socken gemacht.

Zum Glück hatte ich Glück: Ich fand bei einem Anbieter – Sparstrumpf24.de oder so ähnlich – genau die Socken, die ich wollte. Perfekt. Ich schob die Auserwählten in den Warenkorb, klickte beseelt auf »Kasse« und dachte, ich wäre fertig. Doch dann ging es erst los. Und wie!

Möchten Sie einen Account einrichten oder als Gast bezahlen? Da ich längst den Überblick verloren habe, bei welchen obskuren Anbietern ich überall Konten besitze, dachte ich mir mit Paul Gerhardt: »Ich bin ein Gast auf Erden.« Trotzdem musste ich umständlich meine sämtlichen Personaldaten eingeben und aus irgendwelchen Bezahlmethoden auswählen, von denen ich noch nie im Leben gehört hatte. Aber auch das war zu bewältigen. Dauerte allerdings länger als das Auswählen der Socken.

Mit dem nächsten Klick kam jedoch die Stunde der Offenbarung: »Bitte beweisen Sie, dass Sie kein Roboter sind.« Aha! Ich weiß natürlich, warum die das prüfen: 70 Prozent aller Anfragen bei Online-Stores stammen von Bots, also von Roboter-Programmen. Wobei ich mich frage: Was wollen Roboter mit Socken?

Wie dem auch sei: Ich sollte auf einem Bild, das in 16 Kästchen aufgeteilt war, alle Felder anklicken, auf denen eine Ampel zu sehen ist. Bitte schön! Allerdings war die Auflösung so schlecht oder meine Brille so schwach, dass ich überhaupt keine Ampel entdeckte. Nicht eine einzige. Ich drückte auf weiter. Ein neues Rätselbild: *Markieren Sie alle Felder, auf denen ein Fluss zu sehen ist!* Ich sah nur Wiesen und kam mir vor wie im Kindergarten. Wahrscheinlich gab's gleich auch noch Memory.

Aber nein! Nach gefühlten zehn »Ich markiere Bilder mit Objekten« erschien eine kryptische, verzerrte Schrift in Hell-Orange auf dunkelgelbem Grund, die ich bitte abtippen sollte. Hätte ich gerne. Tatsache war aber: Es mag sein, dass ein Bot so eine Schrift nicht entziffern kann. Ein Mensch aber auch nicht! Vorsichtig tippte ich »9tzV-0«, wobei ich unsicher war, ob das am Ende eine Null oder ein großes O sein sollte. Mein Versuch war falsch. Aber ich bekam weitere Chancen, bis auch diese Quest überstanden war.

Zeit für die letzte große Herausforderung: Ich sollte ein Kästchen anklicken, hinter dem der Satz »Ich bin kein Roboter!« stand. Inzwischen weiß ich: Da geht es nicht um das triviale Treffen eines Vierecks, es wird gemessen, wie sich der Zeiger der Computermaus auf das Kästchen zubewegt, weil Menschen immer leicht zittern. War aber egal. Denn nachdem ich mein Kreuz gemacht habe, teilte mir der Online-Shop mit: *Ihr Zeitlimit wurde überschritten. Bitte fangen Sie noch mal von vorne an.*

Daraufhin habe ich mich in die U-Bahn gesetzt und bin in die Stadt zum Sockenladen gefahren. Das ging deutlich schneller.

Offiziell heißen diese enervierenden Rätselspielchen *Captcha*, ein Akronym für *Completely Automated Public Turing test to tell Computers and Humans Apart* – auf Deutsch etwa: »Test zur Unterscheidung von Menschen und Maschinen« – und versuchen die Roboterprogramme vor Herausforderungen zu stellen, die sie (noch) nicht bewältigen können.

Abends habe ich in meinem Männerkreis höchst theatralisch von meinen demütigenden Erfahrungen berichtet, die ja letztlich darauf hinausliefen, dass ich Sparstrumpf24.de (oder so ähnlich) nicht beweisen konnte, dass ich ein Mensch bin.

Daraufhin entstand eine angeregte Diskussion: »Was macht denn einen Menschen zum Menschen?« Spannend! Nun, ein Merkmal haben wir gefunden: Ein Bot käme nie auf die Idee zu behaupten, irgendjemand oder irgendetwas hätte einen »Sockenschuss«.

OFFENBARUNG

Meine Tochter steht vor mir. Und guckt irgendwie so komisch auf den Boden.

»Was ist denn?«

»Äh, nix!«

Nun gehört meine Tochter zu den Leuten, die so »Äh, nix« sagen, dass jeder sofort weiß: Es ist was. Das hat sie übrigens von meiner Frau geerbt. Die wiederum kann »Äh, nix« inzwischen so geschickt artikulieren, dass ich schlagartig bleich werde und spüre: Ich habe irgendwas ganz Schreckliches gemacht. Na, vielleicht ist das ja eine typisch weibliche Eigenschaft: Die Kunst, aus Nix was zu machen.

Also frage ich bei meiner Tochter pädagogisch hochwertig nach: »Was ist denn ›nix‹?« Sie druckst noch ein bisschen rum. Dann atmet sie laut aus und sagt: »Also gestern Abend, als wir zusammen dieses Spiel gespielt haben …«

»Meinst du das, bei dem du uns alle abgezockt hast. Mann, warst du geschickt!«

Ihre Augen weiten sich: »Nein, ich war nicht geschickt. Ich habe … äh … ich habe geschummelt. Ja, Mist, als ihr kurz draußen wart, habe ich mir ein paar gute Karten geholt. Ach, ist ja auch egal.«

Kurz überkommt mich die Erinnerung daran, wie sehr ich mich gestern gegrämt habe, weil sie mich so erniedrigend in die Knie gezwungen hatte. Schließlich gewinne ich auch ganz gern mal ein Gesellschaftsspiel. Einmal nur.

Aber dann reiße ich mich zusammen und sage ganz freundlich: »Du, ich finde das echt klasse, dass du ehrlich bist – und dass es dich belastet, wie unverfroren du uns alle auf äußerst verwerfliche und heimtückische Weise übern Tisch gezogen hast. Natürlich sollte das mit schrecklichen Strafen wie Mascara-Entzug oder Föhn-Embargo geahndet werden. Aber weil wir uns ja immer noch in der Ära des Reformationsjubiläums befinden, soll noch einmal Gnade vor Recht ergehen.«

»So'n Quatsch«, unterbricht sie mich. »Ich hatte überhaupt kein schlechtes Gewissen. Na, vielleicht ein bisschen, weil ich ja weiß, dass du auch so gerne gewinnst. Einmal nur. Es war eher …«

Ich setze eine strenge Miene auf: »Jaaaa …?«

»Na ja. Es macht überhaupt keinen Spaß zu gewinnen, wenn man weiß, dass man geschummelt hat. Das ist doch kein Sieg. Jedenfalls kein echter. Wenn ich gewonnen hätte, weil ich gut gespielt habe, das wäre klasse gewesen. Aber so hat es einen blöden Beigeschmack. Ich möchte nicht durch Betrug erfolgreich sein. Ich will lieber ehrlich gut werden.«

ES MACHT ÜBERHAUPT KEINEN SPASS ZU GEWINNEN, WENN MAN WEISS, DASS MAN GESCHUMMELT HAT.

Puh. Plötzlich läuft es mir kalt den Rücken runter. Natürlich … wie oft denke ich auch: Hier und da ein bisschen getrickst, kann doch nicht schaden. Ein bisschen schummeln, mich besser darstellen, als ich bin. Mir hier und da einen kleinen Vorteil verschaffen. Mal nicht so ganz korrekt vorgehen … Auf einmal ahne ich, warum ich mich dabei gelegentlich so unwohl gefühlt habe.

Ich umarme meine Tochter. Grinse sie an. Und hole das Spiel aus dem Regal. »Okay, Revanche!«

Natürlich verliere ich. So ein Mist! Vielleicht darf man ja doch ab und an …

MIT ECKEN UND KANTEN

Jesus hatte echt die Gnade der frühen Geburt. Ich meine: Kaum geboren, schon ein Krippenplatz. Vor allem aber gab es zu seiner Zeit noch keine Political Correctness. Gott sei Dank.

Würde Jesus heute in der Kirche arbeiten, dann wäre nämlich vermutlich Folgendes passiert: Er hätte den Entwurf zu seiner Bergpredigt wegen ihres gesamtkirchlichen Ansatzes mehreren Gremien zur Kontrolle vorlegen müssen – und die hätten ihm den Text nie und nimmer durchgehen lassen.

Ja, das hätte schon mit dem kleinen Satz angefangen: »Bau dein Haus nicht auf Sand, sondern auf Felsen.« Eine Formulierung, bei der ich sofort den Protest des Referenten für gesellschaftliche Verantwortung höre: »Wer, bitte schön, kann sich denn heute im Rhein-Main-Gebiet noch ein Haus leisten? Bei den Grundstückspreisen? Keiner! Das heißt: Diese Wortwahl schließt einen Großteil der sozialen Schichten brutal aus. Und wie immer trifft es die Armen. Ich schlage deshalb vor: ›Miete deine Wohnung nicht auf Sand, sondern auf Felsen.‹«

»Lächerlich«, bemerkt da die Gleichstellungsbeauftragte schnippisch: »Der Sand, der Fels … typisch Männer, wieder nur maskuline Worte … der, der, der. Schon in der Wortwahl zeigt sich der Schniedel-Imperialismus! Warum nicht *die* Sandbank und *die* ... äh ... *die* – kennt jemand ein weibliches Wort für Felsen? Nein? Gut, dann sind wir eben kreativ. Das können Frauen ohnehin viel besser als Männer … also: *die* Felsin. Ja, so sollte es heißen: ›Miete deine Wohnung nicht auf einer Sandbank, sondern auf einer Felsin.‹ Oder ganz fair: ›auf einer Felsin oder einem Felsen‹. Das gefällt mir.«

»Langsam, langsam«, mischt sich nun der Zuständige für den Interreligiösen Dialog ein. »Der Fels … das ist doch ein uraltes Symbol für

Petrus, den Gründer der Kirche. Hier wird also eine radikal christliche Perspektive eingenommen. Ich muss sagen: Ich spüre da ganz klar einen unterschwelligen Anti-Judaismus. Als wäre das Christentum besser als das Judentum. Dabei geht es doch darum, unsere andersgläubigen Geschwister einzubinden. Wir sollten auf jeden Fall einen Begriff wählen, der niemanden ausgrenzt: ›Miete deine Wohnung nicht auf einer Sandbank, sondern auf Gestein.‹ Einverstanden?«

Der Leiter des Theologischen Beirats meldet sich energisch zu Wort: »Ist denn nicht die Zeit solcher bildhaften, symbolischen Formulierungen, die unendlichen Interpretationsspielraum lassen, ohnehin vorbei? Ich meine: Wohnung, Sandbank, Gestein … da denkt ja jede und jeder, was er oder sie will. Dogmatisch ist das jedenfalls höchst uneindeutig. Ich plädiere deshalb für: ›Das Geschöpf braucht ein festes Fundament.‹ Das ist kurz und knapp. Und das eckt auch bei niemandem an. Zufrieden?«

WER NICHT ANECKT, DER BERÜHRT AUCH NICHT.

Und so wäre das wohl weitergegangen. Stunden um Stunden. Und nach einer gefühlten Ewigkeit wäre dann eine wachsweiche Formulierung herausgekommen, eine, die garantiert niemandem wehtut – aber eben auch nichts mehr sagt. Und zwar niemandem! Fragt sich nur, ob eine Kirche, die Angst hat, anzuecken, das Evangelium überhaupt noch kommunizieren kann. Schließlich gehört es zum Wesen des Evangeliums, das es aneckt. Und dass es auch mal wehtut. Weil es so existenziell ist. So radikal.

Natürlich ist die eben beschriebene Situation eine Persiflage. Aber manche weichgespülte Verlautbarung kirchlicher Institutionen zeigt, dass derartige Diskussionen offensichtlich öfter an der Tagesordnung sind. So entstehen zum Beispiel auch Reformationsfeierlichkeiten, bei denen man den Menschen vor lauter Angst, anzuecken, die mitreißende Geschichte des leidenschaftlichen und politisch völlig inkorrekten Professors Martin Luther gar nicht mehr erzählt, sondern lieber nur ganz allgemein von Freiheit und Gnade säuselt. Nun, vielleicht kann man es so sagen: Wer nicht aneckt, der berührt auch nicht.

HOBBYIST

Meine Frau ist neulich zu mir ins Büro gekommen und hat mich streng angesehen. Sehr streng sogar. Dann hat sie ruhig gesagt: »Du brauchst ein Hobby!«

»Was?« Ich konnte ein Stöhnen nicht vermeiden. Für so einen Unsinn habe ich keine Zeit. Außerdem durfte ich doch alle meine Hobbys zum Beruf machen: Schreiben, Musizieren, Geschichten erzählen. Was will ich mehr?

Da hat sie nur mit den Augen gerollt. »Das meine ich nicht. Du brauchst einen Ausgleich. Ich sehe doch, wie oft du gestresst und genervt bist. Weil dich deine Texte und Projekte ständig beschäftigen. Von morgens bis abends. Du solltest dir irgendeine schöne Betätigung suchen, bei der du mal auf ganz andere Gedanken kommst.«

Ich war nicht überzeugt. »Ach, soll ich auf unserem Dachboden mit bunten Modelleisenbahnen spielen, im Keller Rassefrettchen züchten, ins Casino gehen oder mir eine Sammlung der kostbarsten Briefmarken aus Montenegro zulegen? Das ist doch reine Zeitverschwendung.«

Da hat sie mir erst mal beruhigend die Hand auf den Arm gelegt. »Du weißt genau, dass ich das nicht meine. Aber schau doch mal: Du hängst den ganzen Tag am Schreibtisch 'rum … oder im Auto. Immer nur sitzen, sitzen, sitzen. Ich will einfach nicht, dass du irgendwann die gekrümmte Körperhaltung von Quasimodo bekommst – oder einen Body-Mass-Index, der die Höhe deines Lebensalters erreicht.«

Uh, das war gemein. »Aha, du willst mir also eigentlich sagen, dass ich zu fett werde. Sehr charmant. Der Vollschlanke soll sich mehr bewegen. Richtig? Also: Wenn es dir darum geht, dass ich mich mehr bewege, dann können wir gerne direkt zusammen ins Schlafzimmer huschen, mir würde da schon was Sportliches einfallen.«

Ich glaube, ihren darauffolgenden Gesichtsausdruck habe ich das letzte Mal im Film *Die Mumie* gesehen. Obwohl: Die sah nicht ganz so schlimm aus. Jedenfalls musste ich daraus schließen, dass sie für diese bewährte männliche Variante der Konfliktlösung wohl gerade nicht in Stimmung war. Schade.

Stattdessen hat sie es noch einmal versucht: »Hallooo – man kann sich auch im Freien bewegen. Guck mal aus dem Fenster: Natur. Frische Luft. Sonne. Wind. Du musst mal raus aus den vier Wänden …«

»Aha«, habe ich sie mit erhobenem Kinn unterbrochen. »Daher weht der … äh … Wind. Ich soll mich wieder vermehrt den Dingen widmen, die *dir* wichtig sind: Spaziergehen, Wandern, Gartenarbeit. Sag das doch gleich. Ich weiß ja, dass du so eine radikale Outdoor-Fetischistin bist.«

Das hätte ich vielleicht nicht sagen sollen. Denn sie hat sich einfach umgedreht und ist gegangen: »Vergiss es.«

ICH HABE DOCH ALLE MEINE HOBBYS ZUM BERUF GEMACHT – WAS WILL ICH MEHR?

Ich habe ihr noch frech in den Flur hinterhergerufen: »Nenn' mir doch mal einen einzigen Beleg dafür, dass ich nicht ausgeglichen bin. Nur einen.«

Da ist sie zurückgekommen, hat sich in den Türrahmen gelehnt und leise gesagt: »Na, zum Beispiel die Tatsache, dass ich mir Sorgen um dich mache – und du auf meine Anfrage nur mit ironischen, abwehrenden oder verunglimpfenden Sprüchen reagierst. Du hast mein Anliegen überhaupt nicht an dich rangelassen. Stimmt's?«

Mist. Ertappt. Und: Ich hab's wirklich nicht gemerkt. Ich fürchte: Ich brauche dringend mal einen Ausgleich. Vielleicht ein Hobby – oder mehr frische Luft …

FATHERBOARD

Es begann alles mit einem Missverständnis. Mein Sohn legte mir die Hand auf die Schulter und sagte: »Papa, ich will surfen.« – »Ach nee«, habe ich erwidert, »echt nicht. Du hattest diese Woche schon so viel Medienzeit.«

Er guckte mich völlig verwirrt an: »Nein, auf dem Meer.« Ich stand immer noch auf dem Schlauch: »Aber da gibt's du doch überhaupt kein WLAN. Außerdem wohnen wir 400 Kilometer vom Strand entfernt.«

Als er sich mehrfach mit der flachen Hand vor die Stirn schlug, wurde mir klar, dass ich irgendetwas falsch verstanden hatte. Und zwar richtig falsch. »Ach sooo! Surfen! In den Ferien. Auf einem Board. Na klar. Super Idee! Mit oder ohne Segel? Also: mit oder ohne Wind?« Er reckte sich: »Wellensurfen. So richtig cool. Wir beide reiten die heißesten Wellen vor der Atlantikküste ab.«

Irgendwas irritierte mich sofort an dem kleinen Wort »wir«. Kein Wunder: Surfen kommt auf meiner nach oben offenen Unlust-Skala knapp hinter »Aasgeier fressen mein Gesicht« und »Donald Trump hält unseren Erntedank-Gottesdienst«. Ängstlich fragte ich: »Du meinst, ich soll mitfahren, wenn du die wahre Form des Surfens entdeckst? Quasi Fatherboard statt Motherboard.« Er nickte so begeistert, dass ich mich nicht mehr drücken konnte. Und meine Frau sagte nur fröhlich: »Schön, dann muss ich ja nicht mit.«

Also standen mein Sohn und ich einige Wochen später südlich von Bordeaux am Strand und begannen gemeinsam unsere erste Surfeinheit. O Mann! Claude, der radebrechende Surflehrer, forderte uns voller Elan auf, uns auf unsere Surfbretter zu legen, und sagte dann: »Ihr musst … wenn die Welle kommt … aus die Liegestutz mit eine Hupf in die aufrechte Surfposition springe. Das die ganze Geheimnis.« Hä? Aus einem Liegestütz in den Stand? Wer kann denn so was?

Nun, mein Sohn konnte es. Ich dagegen versuchte fortan auf dem Meer mit wachsender Verzweiflung, »mit eine Hupf« auf diesem labilen, abgelutschten Board zum Stehen zu kommen. Hoffnungslos. Und während mein Sprössling schon nach kurzer Zeit relativ elegant vor den brechenden Wellen Richtung Ufer glitt, hätte ich genauso gut einen Apnoe-Tauchkurs buchen können. Ich wäre nicht öfter unter Wasser gewesen. Vor allem aber: Jedes Mal, wenn ich vor den Augen der Surfgruppe hochkant vom Brett flog, sah ich vor allem meinen Sohn breit grinsen.

AUS EINEM LIEGESTÜTZ IN DEN STAND SPRINGEN? WER KANN DENN SO WAS? NUN, MEIN SOHN KONNTE ES.

Ich wollte den Ferientrip schon als Riesenflop abhaken, als mein sportlicher Nachkomme sich abends plötzlich nah zu mir setzte und mir zuraunte: »Papa, das ist voll der schöne Urlaub. Nur wir beide. Toll. Du hast so viel Zeit für mich. Und wir können so viel zusammen machen … Und wenn du noch ein bisschen übst, bekommst du das mit dem Surfen auch irgendwann hin. Ganz bestimmt. Halt durch!«

Da erst wurde mir klar, dass ich diese gemeinsame Woche in die falsche Schublade gesteckt hatte. Und ich dachte erstaunt: *Es geht hier eigentlich gar nicht ums Surfen. Es geht um ein großartiges Vater-Sohn-Erlebnis.* Und wenn meine Anti-Akrobatik auf dem Brett meinen Sohn zum Lachen brachte, war das viel wichtiger als mein angeknackster Stolz und der Ärger über mein mangelndes Gleichgewichtsgefühl!

Von diesem Moment an zelebrierte ich jeden Sturz voller Hingabe. Und vielleicht lag es genau daran, dass ich nun ab und an doch ein paar Meter aufrecht surfen konnte. Am Schluss fragte mein Sohn: »Und? Kommen wir nächstes Jahr wieder her?«

»Aber klar!«, erwiderte ich, »du weißt doch: Ich liebe Surf-Urlaube!«

DAS MACHEN DOCH ALLE

Der eingeborene Guide schaute meine Familie und mich nach der Sicherheitseinweisung lächelnd an: »Ihr seht echt bescheuert aus!« Na gut, mit einer Schwimmweste, einem Helm und einem Paddel gewinnt man eben keinen Modelwettbewerb. Aber wir wollten ja auch den legendären *Tutea* raften, einen 7 Meter hohen Wasserfall des *Kaituna Rivers* in Neuseeland. Nun, ein bisschen mulmig war mir schon, als ich mir vorstellte, gleich senkrecht mit dem Schlauchboot in den Abgrund zu stürzen.

Doch der Guide war noch nicht fertig: »Das Gebiet hier ist für die Maori, die Ureinwohner, heiliges Land. Deshalb werde ich mich jetzt mit einem Gebet beim Gott des Flusses bedanken und ihn bitten, dass er unsere Reise gelingen lässt.« Und dann sang dieser drahtige Outdoor-Typ eine unglaublich schöne Litanei, so inbrünstig und hingebungsvoll, dass ich dachte: *So möchte ich mal einen deutschen Geistlichen beten sehen.*

Tatsächlich stiegen wir nach diesem Gesang alle ein bisschen entspannter in die Schlauchboote. »Übrigens«, rief uns der Guide noch übers Wasser zu: »Wenn wir nachher zu Fuß zurücklaufen, dann bitte ich euch, auf jeden Fall auf den Wegen zu bleiben. Wie gesagt: Die Erde hier gilt als heilig. Und wenn man darauf achtlos herumtrampelt, dann tritt man quasi den Glauben der Menschen mit Füßen.«

Dann ging es los. Der *Tutea* kündigte sich schon mit einem drohenden Donnern an. Gischt und Schaum. Ein gieriger Sog in die Tiefe. Und als wir wahrhaftig mit dem Schlauchboot über die Kante kippten, setzte mein Herzschlag für einen Moment aus. Zumindest fühlte es sich so an. Atemberaubend. Zum Glück stellte ich beim Auftauchen entzückt fest, dass an mir noch alles dran und meine Familie weiterhin bei mir war.

»Schade«, sagte der Guide, »es macht mehr Spaß, wenn man kentert.« Die zierliche Asiatin neben mir war trotzdem kreidebleich und sah so aus, als wolle sie direkt ins Boot kotzen. Ich rückte ein bisschen zur Seite.

Tja, und dann passierte nach dem Aussteigen genau das, wovor uns der Gruppenleiter gewarnt hatte: Meine Tochter sah die nervigen Serpentinen des Aufstiegs vor sich, latschte schnurstracks über die Absperrung und den Berg direkt hoch. »Hey!«, rief ich ihr empört hinterher. »Hast du nicht gehört, was der Guide gesagt hat: Wir sollen die Wege nicht verlassen. Das hier ist heiliges Land.«

Meine Tochter starrte mich ungläubig an. »Hä? Papa, guck dir doch mal die Spuren auf dem Boden an. Total ausgetreten. Offensichtlich hält sich hier keine Sau an diese Regel. Da ist es ja wohl nicht schlimm, wenn ich auch die Abkürzung nehme.« – »Doch«, sagte ich, »verstehst du nicht, dass du mit deinem Verhalten die Eingeborenen beleidigst.«

TATSACHE IST: WENN ES ALLE NICHT MACHEN WÜRDEN, DANN SÄHE DIE WELT VIEL BESSER AUS.

»Ja, aber das machen doch alle!« Mag sein. Und ich konnte es natürlich nicht lassen, den Erziehungsberechtigten raushängen zu lassen: »Vermutlich ist das einer der widerwärtigsten Sätze der Welt, ›Das machen doch alle‹. Weil damit jeder genau sein eigenes Fehlverhalten kaschiert. Tatsache ist: Wenn es alle nicht machen würden, dann sähe die Welt viel besser aus.« Zumindest die Asiatin stimmte mir eifrig zu.

Beim Hochsteigen (auf dem Weg) haben wir dann mit der Gruppe so angeregt darüber diskutiert, was wir alles nur machen, »weil es doch alle machen«, dass wir viel schneller oben waren als erwartet. Und der Guide sagte zum Abschied: »Ich glaube, man ist glücklicher, wenn man die Welt für heilig hält.« Da hat er vermutlich recht.

LICHT AM HORIZONT

Bist du bescheuert?«, fragte mich meine Frau. »Jetzt, wo es endlich wieder heller wird, willst du Urlaub in der Dunkelheit machen? Wie dämlich ist das denn? Kein Mensch fährt im Winter nach Nord-Norwegen. In die Nacht. Verstehst du: Ich will Licht. Mehr Licht!«

»Äh, nun«, stotterte ich kleinlaut, »genau darum geht es ja: um Licht. Ich möchte so gerne mal das Nordlicht sehen. *Aurora borealis*. Und dieses Jahr ist es besonders intensiv. Bis weit in den März hinein. Stell dir vor: Der Himmel leuchtet in allen Farben. Das soll großartig aussehen. Außerdem: Es gibt da ein Last-Minute-Angebot. Flug und Hotel in Tromsø.«

»Tromsø? Ich will nicht nach Tromsø. Ich will Wärme und Sonne. Ich will nicht in die ewige Finsternis. Und ... hey! Hör sofort mit ... mit diesem albernen Hundeblick auf.«

Es ist nicht so, dass meine Frau meine Vorschläge grundsätzlich ablehnt. Aber eben sehr häufig. Doch irgendwie scheint mein Hundeblick letztlich gewirkt zu haben. Jedenfalls erklärte sie irgendwann genervt: »Na gut! Dann fliegen wir eben in den letzten Außenposten der Zivilisation, in die Eiseskälte, in das erbarmungslose Reich der Trübsal.«

Ruckartig richtete sie sich auf: »Aber wehe, es taucht kein Nordlicht auf. Dann kannst du was erleben.« So entspannt bin ich noch nie in den Urlaub geflogen.

Der Flug von Oslo nach Tromsø dauert deutlich länger als der von Frankfurt nach Oslo. So ausufernd dehnt sich Norwegen Richtung Nordpol. Und oben, kurz vor dem Ende, hat jemand eine betörende Sammlung bunter Holzhäuschen an den Fjord gestreut, die zeigt, dass man in der Dunkelheit durchaus erhellende Erfahrungen machen kann.

Wohlgemerkt: kann! Nur war ich zum Erfolg verdammt. Ich musste das Nordlicht finden. Um jeden Preis. Zum Glück gibt es aber in Tromsø Dutzende von Aurora-Jägern, die sogar mit Geld-zurück-Garantie locken, falls sich der Himmel verweigert.

Ich entschied mich für eine Katamaran-Tour Richtung Meer. Da, wo der Fjord am dunkelsten ist. Mit dazugehörigem Fisch-Menü. Allerdings dämpfte die Reiseleiterin unsere Erwartungen schon bei der Ausfahrt: »Man weiß nie. Manchmal ist das Nordlicht da. Manchmal nicht.« Meine Frau starrte mich an, als hätte sie Gefrierbrand in den Augen.

Doch plötzlich, als sie gerade eine spöttische Tirade loslassen wollte, verschlug es ihr die Stimme. Über uns fing nämlich der Himmel an zu brennen. Grün, rot, gelb: Leuchtende Schlieren zogen über den Horizont. Majestätisch. Und wahrhaft atemberaubend.

Vor allem aber – das hatten uns die Bilder vorher nicht verraten: Das Nordlicht tanzt. Es ist ständig in Bewegung. Kein Wunder, dass das Volk der Samen diese Erscheinung »Brücke ins Jenseits« nennt. Die Menschen waren lange Zeit davon überzeugt, dass dort oben die Seelen der Verstorbenen fröhlich in den Himmel tanzen. Und genau so sieht es aus!

Leise murmelte meine Frau neben mir: »So etwas Schönes habe ich noch nie gesehen.« Ich wollte noch erwidern: »Und was ist mit mir?« War dann aber lieber still.

Die Reiseleiterin hatte gehört, dass ich Theologe bin. Und als wir zurück in den hell erleuchteten Hafen fuhren, stellte sie sich neben mich an die Reling: »Mit dem Nordlicht ist es wie mit Gott: Es ist auch jetzt noch da. Nur weil hier die Lichter der Stadt alles überstrahlen, sehen wir es nicht mehr. Man muss bisweilen das, was blendet, hinter sich lassen, wenn man entdecken will, wie der Himmel funkelt.«

Da erst wurde mir klar, dass das Naturschauspiel natürlich weiterhin über uns den Himmel einfärbte. Sogar über der aufziehenden Wolkendecke. Wir konnten es zwar nicht mehr sehen, aber es tanzte trotzdem. Ein beglückendes Gefühl. Just in diesem Moment schmiegte sich meine Liebste an mich: »Ich hab's ja gleich gesagt: Das wird ein toller Urlaub!«

AUGEN ZU UND DORSCH

Es klang einfach zu verlockend: »Hochseefischen auf der Ostsee« – fand jedenfalls mein Sohn, als wir im Hafen von Laboe die Kaimauer entlangschlenderten und das Schild sahen. Der Typ an der Reling sagte auch gleich: »Moin! Morgen is' noch was frei.«

Abfahrt: sieben Uhr. In der Frühe. Im Urlaub. Super! Na gut, was macht man nicht alles für den Nachwuchs? Gähnend kamen wir am nächsten Morgen an Bord, als uns einfiel, dass wir überhaupt keine Angeln besitzen. Machte aber nichts, es gab natürlich Leih-Angeln – knorrige, ausgebleichte Ruten, mit denen vermutlich schon die Neandertaler nach Fischen geworfen haben.

Der Kapitän wies uns persönlich ein: »Wir angeln hier Dorsch, den berühmten Ostseeleoparden, ein Klasse-Fisch. Am besten sucht ihr euch einen von den erfahrenen Anglern und lasst euch erklären, wie das genau funktioniert.«

Gesagt, getan. Wir fanden einen von Weitem erkennbaren Experten, der nicht nur vier ultramoderne Hochglanz-Ruten vor sich stehen hatte, sondern auch einen riesigen Koffer, in dem gefühlt 4000 verschiedene Blinker darauf warteten, demnächst einen Dorsch anzulocken.

Hans, wie er sich vorstellte, warf einen ziemlich mitleidigen Blick auf unsere bescheidene Leih-Ausrüstung aus dem Paläolithikum und hielt uns dann einen eindrücklichen Vortrag über die hohe Kunst des Dorschangelns. Ich stieg allerdings schon aus, als er den Unterschied zwischen Wobblern, Twistern und Pilkern erklärte (das sind irgendwie verschiedene Blinker-Typen), aber mein Sohn hörte fasziniert zu.

Schnell wurde mir klar, dass man anscheinend ein mehrjähriges Studium braucht, um Angelprofi zu werden. Ja, wenn so ein Fischkopp dir was über »Jigs an monofilen Vorfächern« erzählt, dann wird dir plötzlich klar, wie verständlich sich die meisten Fachärzte ausdrücken. Hans jedenfalls dozierte hingegeben: »Ganz entscheidend für den Erfolg beim Dorsch ist die Farbe des Pilkers. Der Dorsch ist nämlich wählerisch. Der schaut genau hin. Ja, an manchen Tagen mag er Rot, manchmal Silber und manchmal Grün. Zurzeit ist die Farbe ›Motoröl‹ bei Dorschen absolut beliebt.« Traurig schaute ich auf unsere blassblauen Blinker, die offensichtlich aktuell gar nicht im Trend lagen.

Wie dem auch sei: Am Ende seines Crashkurses erklärte der Meister: »Wenn einer nichts fängt, dann nennt man ihn einen ›Schneider‹. Aber bei der Ausrüstung, die ihr habt, wäre das keine Schande.« Er klopfte meinem Sohn auf die Schulter: »Mach dir nichts draus. Ich geb' euch nachher einen Fisch ab. Da freut sich die Mama.«

Endlich hatten wir die Fischgründe erreicht – und es ging los. Und was ich jetzt erzähle, ist kein Anglerlatein, sondern genau so passiert. Wirklich! Nach einer Stunde hatte mein Sohn mit seiner Urzeit-Rute sieben riesige Dorsche gefangen. Und Hans … nichts. Nicht einen popeligen Fisch. Obwohl er nach jedem Wurf einen neuen Blinker aus seiner Sammlung montierte und immer verbissener dreinschaute.

Irgendwann nahm mich der Kapitän zur Seite und raunte: »Manche der erfahrenen Jungs werden unruhig. Kannst du deinen Sohn nicht ein wenig zügeln? Ich könnte auch in der Kajüte eine DVD einlegen: *Findet Nemo* oder so. Wär' das nicht was?« Aber mein Sohn fand ohnehin, sieben Dorsche seien genug. Seither sehe ich die Unterscheidung zwischen Profis und Laien, Hauptamtlichen und Ehrenamtlichen, Experten und Neulingen deutlich entspannter. Manchmal fangen auch kleine Angler große Dorsche.

HERINGSSALAT

»Vielleicht wäre es doch klug gewesen, dass Zelt vorher einmal zur Probe aufzubauen«, sagt meine Frau und schaut mit leicht verächtlichem Gesichtsausdruck auf meine verzweifelten Versuche, uns aus einem Haufen wilder Teile ein vorübergehendes Zuhause zu basteln: wabbelige Planen, undefinierbare Stangen, verknotete Kordeln und ein Säckchen mit Heringen, das natürlich beim ersten Öffnungsversuch zerreißen musste.

»Der Typ im Laden hat gesagt, das erklärt sich alles von allein«, erwidere ich und frage mich mit ersten Anflügen von Panik, wie 'rum ich die kryptische Bauanleitung eigentlich halten soll. Die Beschriftung ist vermutlich Klingonisch – und ich bin nicht mal sicher, ob es sich bei der blassen Zeichnung in meiner Hand wirklich um unser Zelt handelt. Das könnte auch ein Kimono-Schnittmuster, der U-Bahn-Plan von Tokio oder eine Anleitung zum Schlachten von Flughunden sein.

Am Horizont ziehen dunkle Wolken auf. Typisches Wetter für Holland.

Toll, denke ich, *es war ja ihre Idee, endlich mal mit der ganzen Familie Zelten zu gehen.* Das ist preisgünstig, und vor allem so unglaublich naturverbunden. Ihre Begeisterung hatte mich dann überzeugt: »Das ist wie im Paradies. Abends spürst du die Erde unter dir. Nachts schleichen die Tiere um uns herum. Und morgens weckt dich ein Tauftropfen, der von der Zeltwand auf deine Nase hüpft.« Während ich verzweifelt auf den Heringssalat starre, wird mir klar: Das sind alles Drohungen, keine Verheißungen.

Unsere Kinder sitzen übrigens immer noch im Auto und schmollen. Gerade ist ihnen nämlich klar geworden, dass es auf dem Zeltplatz gar keinen Fernseher im Zimmer gibt. Weil es ja auch kein Zimmer gibt. Außerdem funktioniert das WLAN nur an der Rezeption. Und die ist – wie das Sanitärgebäude – gefühlte fünf Kilometer entfernt. »Bei uns bleiben

Sie fit«, hatte die Frau bei der Anmeldung fröhlich verkündet. Na super. Wenn ich nachts um vier mal aufs Klo muss, sollte ich vermutlich vorher meine Trekkingschuhe anziehen und Reiseproviant mitnehmen.

Es fängt an zu regnen. »Ich setz' mich zu den Kindern ins Auto«, erklärt meine Frau und verschwindet – während ich allmählich einweiche. Hat es eigentlich im Paradies auch geregnet? Und wie sind Adam und Eva damit umgegangen? Die hatten ja nicht mal ein Zelt, das sie nicht aufbauen konnten. Hat Eva auch gesagt: »Ach, Adam, es ist so schön, wenn dir morgens ein Tautropfen auf die Nase hüpft«? Und hat Adam dann gedacht: »Wird höchste Zeit, dass du mal die Apfel-Nummer abziehst, damit wir uns endlich ein Haus bauen können.« Möglich wär's.

WENN ICH NACHTS AUFS KLO MUSS, BRAUCHE ICH TREKKING-SCHUHE UND REISEPROVIANT. GROSSARTIG!

Ein Typ mit riesigen Monster-Tätowierungen kommt auf mich zu und wedelt aufgeregt mit den Armen. Ich atme tief aus. Auch das noch. Was will der? Klitschnass bin ich doch schon. Und ich habe keine Ahnung, gegen welche heilige Campingplatzregel ich gerade aus Unwissenheit verstoßen haben könnte. Außerdem kann ich kein Holländisch. Aber siehe da: Es ist ein Schwabe, und er spricht schwäbisch. Das verstehe ich zwar genauso wenig, aber nach einiger Zeit wird klar: Er will mir helfen. Weil er das Elend nicht länger mit ansehen kann.

Zwei Minuten später steht das Zelt. Ich jogge zum Parkplatz, hole meine Familie und präsentiere stolz unsere kleine Heimat auf Zeit. Als wir kurz darauf in unsere Schlafsäcke gehüllt auf den dicken Luftmatratzen liegen, während der Regen auf das Zelt prasselt, kichert meine Tochter: »Na, so schlimm ist es ja gar nicht.«

Könnte also doch noch ein schöner Urlaub werden. Und morgen lade ich den Schwaben zum Abendessen ein. Netter Typ. Obwohl: Vielleicht erzählt er dann meiner Familie, dass er das Zelt aufgebaut hat ... Egal, den versteht ja eh keiner.

ICH WILL'S WISSEN

Wie viele andere Männer liebe ich die charmante Devise: Was ich nicht weiß, macht mich nicht heiß. Also: Nervt mich nicht mit Dingen, über die ich mich nur aufregen würde.

Deshalb habe ich mich auch, was medizinische Vorsorge-Untersuchungen angeht, lange Zeit diskret zurückgehalten: Was ich nicht weiß, macht mich nicht heiß. Außerdem mag ich es nicht, wenn Leute Nadeln in mich stechen.

Bis mir ein guter Freund beim Joggen erzählte, dass bei ihm ein kleiner Tumor entfernt wurde. Zum Glück noch rechtzeitig. Das Ding war dem Arzt bei irgendeiner Routinekontrolle aufgefallen. Gott sei Dank. Ich würde mich ja sicherlich auch regelmäßig durchchecken lassen. Nicht wahr? Äh … ich habe nur leise vor mich hin gebrummelt – aber am nächsten Tag gleich bei einem Mediziner angerufen, den ich sonst meide wie der Teufel das Weihwasser.

Zwei Wochen später hatte ich einen Termin und bin – ausgestattet mit all den netten körpereigenen Proben, die man für so eine Untersuchung mitbringen muss – in die Praxis gestolpert: um dort, wie zu erwarten, eine wahre Tortur zu erleben! Dinge wurden auf mich geklebt und in mich gesteckt, seltsame Kurven erschienen auf futuristischen Anzeigegeräten, wenn ich pustete, strampelte oder hustete, und der Arzt stellte mir intime Fragen, die man selbst bei einem Beichtvater unanständig fände.

Dabei wollte er von mir auch wissen: »Was ist mit PSA?« Ich zuckte zusammen, weil ich überhaupt keine Ahnung hatte, was er von mir wollte. Wollte er wissen, ob ich einen Peugeot fahre oder ob ich eine »Persönliche Schutz-Ausrüstung« besitze?

Er sah die Verzweiflung in meinem Blick und klärte mich auf: »Ich könnte den Wert ihres prostataspezifischen Antigens messen lassen, dann wissen wir, ob Sie eventuell Prostatakrebs haben. Ist aber umstritten, weil ein erhöhter Wert nicht zwangsläufig bedeutet, dass Sie krank sind, aber viele äußerst unangenehme Untersuchungen nach sich zieht.«

Na toll. Und wieder dachte ich: Was ich nicht weiß, macht mich nicht heiß! Ich habe dann aber doch eingewilligt. »Gut, kommen Sie in sieben Tagen wieder, dann habe ich alle Befunde aus dem Labor!«

ICH HATTE RICHTIG ANGST. WAS, WENN DER TYP MIR GLEICH SAGT, DASS ICH TODKRANK BIN?

Als ich eine Woche später zu Fuß zur Praxis ging, um die Ergebnisse abzuholen, hatte ich einen Kloß im Hals. Und ein Gefühl, das ich lange nicht mehr so intensiv gefühlt habe: Angst. Ja, ich hatte richtig Angst. Was, wenn der Typ mir gleich sagt, dass ich todkrank bin? Wenn es das jetzt war? Adieu, du schöne Welt!

Natürlich hat der Herr Doktor erst mal minutenlang schweigend die Laborauswertungen studiert. Mmh … Zum Glück sagte er dann: »Also, ein bisschen mehr Sport, weniger Industriezucker. Ansonsten ist alles okay!« »Ja, und was ist mit PSA?« – »Auch im grünen Bereich!«

Da passierte es: Mit einem Mal war nicht nur die Angst weg, mir wurde plötzlich auch klar, dass mich die Frage, ob ich gesund bin, unterbewusst viel stärker bedrückt hatte, als ich mir je hatte eingestehen wollen. Sprich: Durch die Untersuchung fiel eine Last von mir ab, die ich lange Zeit einfach ignoriert hatte. Ich war wie befreit.

Seitdem denke ich ständig: *Ich will's wissen!* Alles! Auch die Dinge, die unangenehm sein könnten. Denn heimlich belasten mich die Sachen ja doch. Also: Liebe Gemeinde, was ist mit dem Konflikt im Vorstand? Mein Schatz, hast du überhaupt Lust auf Sex? Kollege, magst du mich wirklich nicht? Raus mit der Sprache!

ANGEBER-WISSEN FÜR DIE FRÜHSTÜCKS-PAUSE

Thema: **Muskeln**

40 000

einzelne Muskeln hat der **Rüssel eines Elefanten**. Sie sorgen für extreme Beweglich- und Geschicklichkeit.

101,6 cm

misst die **Tischhöhe für Armdrückwettbewerbe** laut dem Regelwerk der *World Armwrestling Federation*. Gekämpft wird im Stehen.

1200x

ihr Eigengewicht kann die nicht einmal einen Millimeter große und ein zehntausendstel Gramm schwere **tropische Hornmilbe** mit ihren Scheren heben. Damit ist sie das **stärkste Tier der Welt**. Wenn ein erwachsener Mensch über solche Kräfte verfügen würde, könnte er **25 Lastwagen auf einmal stemmen**.

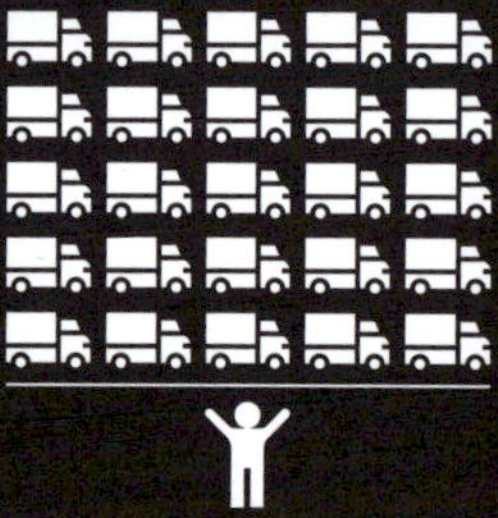

Anzahl der Mitglieder in Fitnessclubs

(Anteil an der Gesamtbevölkerung)

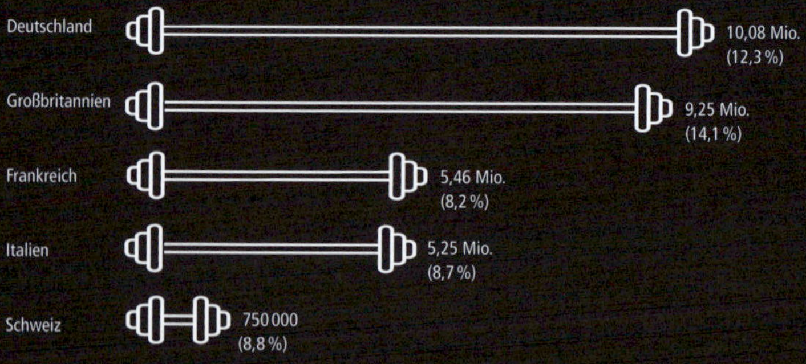

12

Muskeln sind an einem **KUSS** beteiligt. Beim lauten **Lachen** werden im Gesicht etwa 20 und am ganzen Körper sogar bis zu 80 Muskeln benutzt.

100 000x

täglich **bewegt sich der Sehmuskel**, der für das »Scharfstellen« des Auges zuständig ist. Man müsste fast 80 Kilometer laufen, um den Beinmuskeln Ähnliches abzuverlangen.

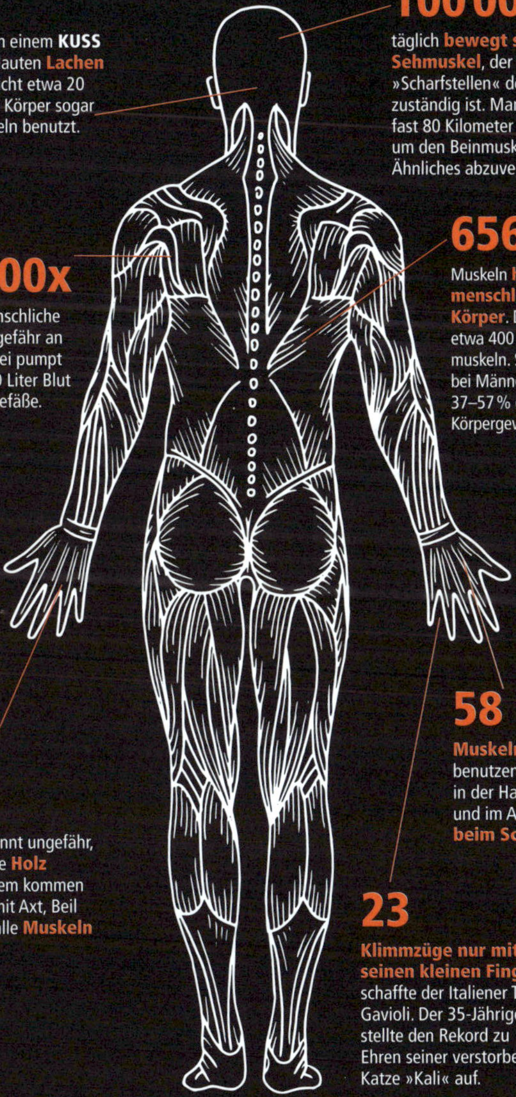

100 000x

schlägt der menschliche Herzmuskel ungefähr an einem Tag. Dabei pumpt er bis zu 10 000 Liter Blut durch die Blutgefäße.

656

Muskeln **hat ein menschlicher Körper**. Davon sind etwa 400 Skelettmuskeln. Sie machen bei Männern 37–57 % des Körpergewichts aus.

58

Muskeln benutzen wir in der Hand und im Arm **beim Schreiben**.

1450

Kalorien verbrennt ungefähr, wer eine Stunde **Holz hackt**. Außerdem kommen bei der Arbeit mit Axt, Beil und Säge fast alle **Muskeln** zum Einsatz.

23

Klimmzüge nur mit seinen kleinen Fingern schaffte der Italiener Tazio Gavioli. Der 35-Jährige stellte den Rekord zu Ehren seiner verstorbenen Katze »Kali« auf.

Gestaltung: Bernd A. Hartwig | www.berndhartwig.de, Zahlen gesammelt aus upali.ch, Wikipedia, biologie-schule.de, statista, Aktiv-Ratgeber, Outdoormagazin.com, Guinness-Buch der Rekorde, internisten-im-netz.de, heftig.de, Illustration: fotolia.de © Goga, Icons: Flaticon.com

IMMER SPORTLICH BLEIBEN

Als mein Sohn sieben Jahre alt war, wollte er – wie alle seine Klassenkameraden – ein berühmter Fußballer werden. Also, Anmeldung zum Fußballtraining. Im renommierten Fußballverein unseres kleinen Städtchens. Sehr cool. Jede Woche zweimal Training – und dann, nach drei Monaten: das erste Spiel. Wahnsinn. Allerdings: Ausgerechnet gegen den verhassten Nachbarort!

Dazu muss man wissen: Wenn man bei uns einen Menschen beleidigen will, dann deutet man an, er könne in diesem Kaff seine Wurzeln haben. Ich weiß auch nicht, warum. Wahrscheinlich hat mal im Mittelalter ein Köhler von dort einem unserer Kleinbauern eine Ziege geklaut … oder die Frau entführt … oder einen Sack Mehl nicht bezahlt … ist ja auch egal. Jedenfalls sind die Menschen bei uns überzeugt: Alles Böse hat dort seinen Ursprung. Und wegen irgendwelcher Fake News denken die Bewohner dieser No-go-Area das Gleiche von uns. Also ein Revier-Derby der besonderen Art.

Tja, und da standen sie dann: Unsere elf Siebenjährigen und deren elf Siebenjährigen … äh … nein … deren zehn Siebenjährige und ein Zehnjähriger. »Ja, sorry, bei uns ist einer ausgefallen, da mussten wir einen Ersatz suchen«, stammelte der gegnerische Trainer vor sich hin. Ganz perfider Plan. Einen Profi einschmuggeln.

Dummerweise kam auch noch der Schiedsrichter nicht. Wahrscheinlich, weil er Angst hatte, zwischen die Fronten zu geraten. Also erklärte sich einer unserer Väter spontan bereit, die Partie zu pfeifen. Und los ging's!

Schnell wurde deutlich, was die verdorbenen Seelen aus dem Nachbarort geplant hatten: Während nämlich 21 unerfahrene Frischlinge (inklusive der Torwarte) immer, wenn der Ball irgendwo auftauchte, unkontrolliert darauf zustürmten, erwies sich der Zehnjährige »Aushilfsspieler« der anderen als versierter Dribbler, der alle weiteren Teilnehmer geschickt umspielen konnte und immer wieder einsam auf unser Tor zu rannte. Um ehrlich zu sein: Unsere Jungs hatten keine Chance.

Und dann passierte es: Der Vater aus unserem Ort, der den Posten des Schiedsrichters übernommen hatte, pfiff ein Foulspiel. Begangen von dem eingeschleusten »Profi« des Gegners. Sein Vorschlag: ein Freistoß. Na, da bekam er aber was zu hören. Die mitgereiste Elternschar aus dem Nachbarort rastete aus: »Unfair«, »Das war kein Foul«, »Betrug«. Und als dann noch einer brüllte: »Moment mal, der Schiedsrichter ist ja auch einer von denen. Klar, dass der bescheißt« – wäre es fast zur Schlägerei gekommen.

DAS LEBEN IST NICHT FAIR. GOTT SEI DANK: ICH WILL NÄMLICH AUCH MAL GLÜCK HABEN.

Die Brisanz dieser Situation wird vermutlich erst deutlich, wenn ich erwähne, dass es zu diesem Zeitpunkt 10:0 für die Gäste stand. In Worten: zehn zu null! Ja, unsere Mannschaft war – wegen des Stars in der gegnerischen Truppe – noch nicht einmal richtig am Ball gewesen. Tatsache ist aber: Der Protest gegen den angeblich parteiischen Schiedsrichter wurde so groß, dass das Spiel abgebrochen werden musste. Aus und vorbei.

An diesem Tag habe ich etwas verstanden – und nebenbei, das hat überhaupt nichts mit dem Herkunftsort zu tun: Es gibt Menschen, die sich immer unfair behandelt fühlen. Egal, wie gut es ihnen geht. Und ich glaube, so wird man nie glücklich. Außerdem: Das Leben ist nicht fair. Gott sei Dank. Ich will nämlich auch mal Glück haben. Anstatt ständig Schuldige für meine eigene Unzufriedenheit zu suchen, sage ich mir seither des Öfteren: »Hey, es ist doch nur ein Spiel. Genieß es!«

DAMENTAUSCH

»Damentausch« – eine wahrhaft verführerische Überschrift. Und allen Männern, die jetzt mit fiebrigem Blick an wilde Stellungen, eine französische Eröffnung und ein hartes Brett denken, sei gesagt: Ja, es geht um Schach!

Und um meinen Opa. Der hat nämlich immer, wenn wir ihn in meiner Kindheit besucht haben, mit mir Schach gespielt. Das fing – glaube ich – an, als ich sieben war. Und ich hab' es total genossen: Ich war ein Schachspieler. Wow! Außerdem konnte ich dadurch bei meinen Freunden mit so hippen Worten auftrumpfen wie Rochade, Gardez, Bauernopfer, na ja … und eben Damentausch. Das klang unglaublich erwachsen.

Zum Glück hat mein Opa mich ab und an gewinnen lassen. Damit ich die Lust nicht verlor. Der alte Gauner. Ich wusste natürlich, dass er mich gewinnen ließ. So was spürt man schon als Kind. Und er wusste, dass ich es wusste. Aber das war in Ordnung. Ich war der kleine Junge. Er war der Schachexperte. Der Patriarch.

So wurde das Schachspiel für uns zu einem echten Ritual: Großvater und Enkel in der Bibliothek vor den Bücherregalen an dem ehrwürdigen Schachtischchen aus der Kolonialzeit, bei dem die weißen Felder aus echten Schmetterlingsflügeln unter Glas gestaltet waren. Wahnsinn, wie das geschillert hat.

Und dann, eines Tages, war Schluss. Von heut auf morgen. Tja, das war der Tag, an dem ich zum ersten Mal wirklich gewonnen habe. Übrigens nach einem Damentausch. Mein Opa war so erschüttert und beleidigt, dass ihn ein Zwölfjähriger besiegt hatte, dass er es fortan ablehnte, sich mit mir an den Schmetterlingstisch zu setzen. Wirklich! Alle Versuche, den empörten Mann noch einmal zu einer Partie zu überreden, scheiterten. Was mich damals richtiggehend verwirrt hat.

Dann erlebte ich bei meinem Vater Ähnliches: Der tat sich nämlich auch schwer damit, dass ich in manchen Bereichen irgendwann besser war als er. Besonders getroffen hat ihn, dass er, der als Journalist sein Leben lang davon geträumt hat, eines Tages einen Roman zu schreiben, miterleben »musste«, dass ich Schriftsteller wurde.

Tja, und meine Kinder? Die sind jetzt … elf und zwölf. Und in vielem schon richtig gut. Der Countdown läuft also! Da frage ich mich natürlich: Wird mich das auch so runterreißen, wenn sie mich überholen? Werde ich mich klein fühlen, wenn die, die ich liebe, größer werden als ich? Oder werde ich begeistert sein über das, was sie können? Weil … na, weil sie das ja bestimmt von mir haben! Also, ein wenig mulmig ist mir schon.

WERDE ICH MICH KLEIN FÜHLEN, WENN DIE, DIE ICH LIEBE, GRÖSSER WERDEN ALS ICH?

Vor allem merke ich, dass dahinter natürlich noch ganz andere Fragen lauern: Werde ich eines Tages endlich kapieren, dass der Wert eines Menschen nicht von seinen Leistungen abhängt? Oder anders ausgedrückt: Wie alt soll ich eigentlich noch werden, bis mich die beglückende Erkenntnis trägt, dass man sich erst dann wirklich angenommen hat, wenn das Selbstwertgefühl keine äußeren Erfolge mehr braucht? Sagt Gott doch andauernd. Ich muss wohl besser hinhören.

Ach ja, neulich hat mich unser Sohn überrascht: »Ich lerne jetzt Bratsche!« – »Wieso das denn?«, habe ich gefragt. »Wir haben den Keller voller guter Gitarren und Saxofone. Warum ausgerechnet Bratsche?« Da hat er über beide Ohren gegrinst: »Papa, weil du keine Bratsche spielen kannst. Da bin ich schon beim ersten Ton besser.« Der ist cool.

WER ZIEHT ZUERST?

Irgendwie hat doch jede Familie ihre eigenen Legenden, die immer und immer wieder erzählt werden: »Weißt du noch, wie Opa Heinrich auf dem Tisch getanzt hat? Mit zwei Kastagnetten?« Oder: »Dann führt uns der Ägypter in ein Hotelzimmer, in dem ein Dutzend riesiger Kakerlaken unters Bett huschen.« Oder: »Auf dem Weg zum Vorstellungsgespräch bekomme ich einen Herpes am Mund und sehe aus wie ein Zombie! Doch der Personalchef hatte selbst einen. Was haben wir gelacht.«

Wenn mein Schwiegervater nach zwei Gläsern Pinot Grigio Lust auf solche Geschichten verspürt, dann erzählt er eine Anekdote besonders gerne – und es ist zum Glück nicht die, wie ich beim ersten Abendessen mit meinen Schwiegereltern vor lauter Aufregung das frisch gefüllte Rotweinglas auf meine weiße Hose geschüttet habe, worauf meine Schwiegermutter mir ein gefühltes Kilo Salz aufs Bein häufte, sodass ich mich fortan nicht mehr bewegen konnte.

Nein, für meinen Schwiegervater gibt es ein zutiefst bewegendes, ja, befreiendes Erlebnis mit mir, das bei keinem Familienfest unerwähnt bleiben darf. Inzwischen warten alle immer schon begierig darauf, dass er diese charmante Begebenheit erzählt. Und würde sie fehlen, dann wäre das Familienidyll irgendwie gestört. Schließlich sind es unsere Geschichten, die uns Identität verleihen.

Also: Als meine Liebste und ich frisch verbandelt waren, da bekam mein Schwiegervater über seine damalige Firma Karten für ein Reitturnier. An sich finde ich es ja gar nicht so spannend, wenn Pferde über Zäune hüpfen, aber das klang irgendwie nach *High Society* – also fuhren wir alle hin. Und natürlich gab es in der Nähe der Tribünen auch einige exklusive

Verkaufsstände, die die Besucherinnen deutlich mehr interessierten als die abgehobenen Hottehüs.

Und dort passierte es: Meine Frau verguckte sich. Unsterblich. In eine Damen-Lederjacke. Dunkelblau mit Spitzen. Ganz schön teuer. Dazu muss man wissen: Wenn meine Frau sich für etwas begeistert, dann kann sie äußerst zielstrebig sein. Allerdings war sie damals noch in der Ausbildung und bekam ein eher symbolisches Gehalt. Deshalb steuerte sie auf meinen Schwiegervater und mich zu und rief theatralisch: »Ich brauche diese Jacke! Jetzt!«

ES SIND UNSERE GESCHICHTEN, DIE UNS IDENTITÄT VERLEIHEN.

Und nun zitiere ich meinen Schwiegervater im Original-Ton. Achtung! »Ich denke noch: *O Mann, sind Töchter teuer* und greife wie gewohnt als Vater nach meiner Brieftasche, da sehe ich etwas Unfassbares: Fabian zückt ebenfalls sein Portemonnaie. Ha! Blitzartig durchströmt mich ein euphorisches Glücksgefühl: Das ist ein Wendepunkt in meinem Leben. Fortan wird ein anderer für sie bezahlen. Preist den Herrn! Unauffällig schiebe ich meine Brieftasche zurück, grinse und atme tief aus: *Das wäre geschafft!*«

Nun: Meine eigene Tochter ist jetzt siebzehn – ich hoffe sehr, dass es noch dauert, bis ich ein derart einschneidendes Erlebnis haben werde. Und meine Frau verdient inzwischen selbst Geld. Trotzdem mag ich diese Geschichte. Weil sie mich immer wieder fragen lässt, für wen ich Verantwortung übernehme – und wie ich damit umgehe.

Menschen sind einander anvertraut. Das ist großartig. Aber manchmal eben auch ziemlich teuer.

SAITEN-WEISE

Mitten im zweiten Corona-Lockdown kam eine wunderbare Nachricht: »Das Kultusministerium bedankt sich für Ihren Projektvorschlag ›Mutmach-Lieder‹ und fördert Ihr Vorhaben finanziell.«

Hammer! Aus irgendeinem obskuren Fördertopf für coronagebeutelte Kreative gab es Geld. Das kam mir wirklich gelegen. Schließlich bin ich durch die Pandemie zu einem echten Experten für »ausgefallene Veranstaltungen« geworden. Na ja, während der Krise mussten wir ja alle Abstriche machen.

ICH BIN DURCH DIE PANDEMIE ZU EINEM ECHTEN EXPERTEN FÜR »AUSGEFALLENE VERANSTALTUNGEN« GEWORDEN.

Also habe ich mit ein paar ebenfalls kulturell ausgedörrten Freunden Songs geschrieben. Lieder, die uns in herausfordernden Zeiten helfen, den Mut nicht zu verlieren. Ein richtig starkes Projekt. Und dann ging es ins Studio, um die CD aufzunehmen. Wobei mir der Produzent kurz vorher eine WhatsApp schrieb: »Ich habe für unser Album einen der besten deutschen Gitarristen bekommen. Glaub mir: Das wird großartig.«

Tja, und weil ich meinen pubertierenden Kindern mal wieder die Chance auf einen anderen Horizont als die vier Zimmerwände präsentieren wollte, auf die sie seit Monaten starren mussten, habe ich sie kurzerhand zu den Aufnahmen mitgenommen. Nun: Das hätte ich vielleicht nicht machen sollen. Oder doch? Ich weiß es nicht.

Jedenfalls passierte dann Folgendes: Als der Gitarrist hinter der Glasscheibe loslegte, hörte ich plötzlich, wie meinen Kindern neben mir die Kinnlade runterklappte. Ja, fast wäre sie abgefallen. Und dann sagte mein Sohn erschüttert: »Äh … Papa … der spielt ja viel besser als du!« O nein! Ich sah vor meinem inneren Auge, wie ich gerade unbarmherzig vom

Olymp ihrer Vorbilder gestürzt wurde: *Unser Vater ist offensichtlich nur ein drittklassiger Gitarrist. Wie peinlich. Und wir dachten immer …*

Spannend war, dass ich impulsiv dachte: *Boa! Jetzt muss ich für mein Renommee kämpfen. Knallhart. Ich muss so was Gewichtiges sagen wie: »Ja, der spielt zwar besser Gitarre als ich, aber dafür kann ich viel besser … äh … Liedtexte schreiben als er. Und … äh … singen kann der auch nicht so toll. Wir müssen eben alle das finden, worin wir außergewöhnlich gut sind …«* Doch bevor ich überhaupt dazu kam, mein Ego zu retten, erschien der Gitarrist im Regieraum und wollte wissen, was denn los sei.

Meine Tochter platzte sofort heraus: »Du bist der beste Gitarrist der Welt.« Woraufhin der Musiker anfing zu lachen. »Schön wär's! Eine Zeit lang habe ich wirklich davon geträumt, bis ich gemerkt habe: Egal, wie viel ich übe, es gibt immer einen, der besser ist als ich. Ja, selbst wenn du in irgendwas einen Weltrekord hast, ist die Wahrscheinlichkeit groß, dass der irgendwann gebrochen wird. Und dann habe ich kapiert: Es geht gar nicht darum, dass man der Beste ist. Was heißt schon ›der Beste‹? Vielleicht spielen andere noch viel virtuoser und schneller, aber ich … ich kann meine persönlichen Gefühle, Träume und Ideen in meiner Musik ausdrücken. Deswegen würde ich heute sagen: Ja, keiner spielt wie ich! Auf meine Weise bin ich einzigartig.«

ES GEHT GAR NICHT DARUM, DASS MAN DER BESTE IST. AUF MEINE WEISE BIN ICH EINZIGARTIG.

Meine Ehre gerettet hat dann der Toningenieur, der zu meinen Kindern trocken sagte: »Hört mal zu! Nichts ist schlimmer als die Typen, die denken, sie könnten alles selbst am besten. Boa! Euer Vater hat eine kluge Entscheidung gefällt: Damit seine Songs großartig klingen, holt er sich Unterstützung. Von Leuten, die in ihrem speziellen Fach besser sind als er. Weil nur so ein starkes Team und das beste Ergebnis entstehen.«

Da haben meine Kinder mich dann doch wieder mit Respekt angesehen. *Puh!*

MUT-BÜRGER

Spazierengehen liegt auf dem zweiten X-Chromosom. Ganz bestimmt. Ich jedenfalls brauch das nicht so. Als Mann. Ich meine: Ich liebe die Natur. Aber ich muss da nicht dauernd durchlaufen. Es gibt doch auch herrliche DVDs und Bildbände. Trotzdem verhalte ich mich natürlich wie die meisten Männer: Ich stolpere stundenlang durch stinklangweilige Wälder, nur um meiner Liebsten zu signalisieren: *Schau mal, wie romantisch ich bin.*

Es könnte allerdings auch sein, dass ich einfach ein Trauma habe. Von der Wanderung mit Klaus. Vor zwei Jahren. Also: Mit ihm und seiner Familie. Aufgepasst! Also, anfangs lief es so wie immer: Die Kinder tobten durch das Unterholz, dass den Wildschweinen angst und bange wurde. Unsere Frauen unterhielten sich angeregt über … was weiß ich … gesunde Ernährung, Elternbeiratssitzungen oder Thermomixe. Und ab und an probierten sie gickelnd, ob der Zalando-Urschrei auch im Forst gut klingt.

Also laufen Klaus und ich voraus. Wie das echte Männer machen. Immer einen Schritt vorneweg. Wir sprechen natürlich über ernsthafte Themen. Also: vor allem über die Arbeit. Und über Frauen. Unsere eigenen.

Und während Klaus lauter neckische Anekdoten erzählt, wie es ihm gerade mit Kerstin geht, durchfährt es mich plötzlich: *Komisch, das hört sich … irgendwie … alles so an, als ob da zwischen den beiden was nicht stimmt. Ja, das klingt gar nicht mehr liebevoll, sondern eher traurig, fast schon verbittert.*

Von da an zuckt mir die ganze Zeit ein Gedanke durch den Kopf: *Ich müsste ihn einfach mal darauf ansprechen. So von Mann zu Mann: »Mal ehrlich, was ist denn da los bei euch?«*

Und? War ich so ein Held? Ein mutiger, offener, heroischer Freund? Hab' ich's getan? Natürlich nicht! Macht man doch nicht. War schließlich kein Seelsorgegespräch, sondern ein netter Samstagnachmittag-Spaziergang. Außerdem wollten wir anschließend noch grillen. Und zwar gut gelaunt. Ich Feigling. Habe lieber ein paar kernige Sprüche vom Stapel gelassen – und ein bisschen Small Talk drangehängt.

UND? WAR ICH SO EIN HELD? EIN MUTIGER, OFFENER, HEROISCHER FREUND? NATÜRLICH NICHT!

Sechs Monate später klingelt eines Abends mein Handy. Klaus ist dran. Zerknirscht. Will erst gar nicht mit der Sprache raus. Und sagt es schließlich doch: »Kerstin und ich … wir trennen uns. Es geht nicht mehr.«

Und dann … dann presst er einen Satz hervor, den ich wie einen Schlag in die Magengrube empfinde, einen echten Tiefschlag: »Kerstin und ich, wir sind uns sicher ... hätte uns vor einem halben Jahr mal jemand was gesagt, dann hätten wir das mit einer Paartherapie noch hinbekommen.«

Natürlich weiß keiner, ob das stimmt. Aber ich ärgere mich trotzdem. Bis heute. Mag meine Frau noch so oft behaupten, ich sei ein Feingefühls-Legastheniker: Einmal habe ich gespürt, dass da was nicht stimmt – und war zu verkrampft, um die Sache zur Sprache zu bringen.

Doch ich habe mir fest vorgenommen: Das passiert mir kein zweites Mal. Von nun an bin ich ein Mut-Bürger. Einer, der lieber über das Wesentliche spricht, als nur Small Talk zu machen. Nebenbei: Alles klar bei dir?

ABGEKOCHT

Meine Frau sah die Nummer auf dem Display ihres Handys, schluckte, atmete einmal ganz tief ein, drückte dann entschlossen auf den grünen Hörer, hörte einen Moment lang hoch konzentriert zu und hielt mir schließlich begeistert den hochgestreckten Daumen entgegen. Da ahnte ich noch nicht, was auf mich zukommen würde.

Kaum hatte sie aufgelegt, fing sie an, einen wilden Freuden-Lambada durchs Wohnzimmer zu tanzen, ein ausgelassenes Gehopse, das Rumpelstilzchen alle Ehre gemacht hätte. Dabei sang sie lauthals und voller Begeisterung: »Ich hab' den Job! Ich hab' den Job!« Was hätte ich da anderes tun sollen, als ihr zu gratulieren?

Doch plötzlich hielt sie abrupt inne, als hätte jemand einen Film angehalten. Sie schaute mich durchdringend an und sagte sehr gewissenhaft: »Tja, wenn ich ab demnächst Vollzeit arbeite, dann musst du ab jetzt das Kochen übernehmen.« Vorsichtig fragte ich: »Kannst du die Bewerbung noch zurückziehen?« Doch ihr martialischer Blick signalisierte mir, dass ich diesen Vorschlag nicht weiterverfolgen sollte.

Dummerweise liest meine Frau inzwischen auch meine Gedanken, denn sie ermahnte mich sofort: »Mit Kochen meine ich weder die Dönerbude noch den Pizza-Bringdienst … auch nicht jeden Tag Nudeln mit Fertig-Pesto … und schon gar nicht dein obskures Würstchengulasch, dass du gelegentlich produzierst, und das nur aus Rindswurst mit angerührter Pfeffersoße aus Geschmacksverstärkern besteht. Verstanden?«

Nun, gerade in dieser Reihenfolge hatte sich mein zukünftiges kulinarisches Engagement vor meinem inneren Auge soeben entfaltet. Matt entgegnete ich: »Aber den Kindern schmeckt mein Würstchengulasch total lecker. So lecker, dass sie sogar freiwillig auf den Salat verzichten.« Nun, hätte meine Frau zufällig ein Schrotgewehr in der Hand gehabt, dann weiß ich nicht, ob es klug gewesen wäre, im Zimmer zu bleiben.

Wie dem auch sei: Irgendwann erkennt man als Mann, wann man verloren hat. Also habe ich mich widerstrebend zu einem Männerkochkurs bei der örtlichen Volkshochschule angemeldet. Ein Vorhaben, das ich emotional mein Leben lang zwischen Kastration, einem Abend mit Sissi-Filmen und dem Abstieg von Eintracht Frankfurt eingeordnet habe. Aber es half alles nichts. Meine Frau brachte mich sogar persönlich zur ersten Stunde – damit ich nicht aus Versehen unterwegs falsch abbog.

Und soll ich euch was sagen: Ich hatte dort – in der Küche der Volkshochschule – eine Art Bekehrungserlebnis. Ja, Kochen ist nämlich der totale Hammer. Echt! Seither stehe ich strahlend vor dem Herd, mariniere, karamellisiere, arrosiere, bardiere, nappiere, tranchiere und reduziere wie ein Weltmeister. Und frage mich: Warum hat mir nie einer gesagt, wie geil sich das anfühlt?

Da sagt Jesus so schön, man solle sein Licht nicht unter einen Scheffel (also ein Gefäß) stellen – und ich hatte mir die ganze Zeit selbst im Weg gestanden. Seither frage ich mich natürlich andauernd, ob es vielleicht noch ganz andere Glückerfahrungen gibt, die ich bislang – aus reiner Dösbaddeligkeit – verpasst habe.

Das Allerschönste aber ist, wenn ich jetzt abends mit der coolen Schürze in der Küche stehe. Dann drückt sich meine Liebste gelegentlich an mich und schnurrt: »Weißt du, ein Mann, der einfach nur aufs Essen wartet, törnt Frauen total ab. Aber so, wie du hier zwischen all den … knackigen … Zutaten stehst, so aktiv, so fürsorglich … das macht mich total an. Beeil dich ruhig ein bisschen mit dem Kochen.« Guten Appetit!

WAS FÜR EINE STORY!

Ich bin seit Längerem stolzes Mitglied in der Jury eines Literaturpreises. Und diese Jury zeichnet jedes Jahr ein Romanprojekt aus, das die Lust am Erzählen fantastischer Geschichten gekonnt mit der Vermittlung christlicher Werte verbindet. Das heißt: Preishungrige Autoren, die so einen Roman planen, bewerben sich bei dem dahinterstehenden Verlag.

Allerdings gehört zu dieser literarischen Ehre, dass ich jedes Mal einen unfassbar dicken Stapel mit Romankonzepten bekomme, die ich dann alle sorgfältig auf ihre Preiswürdigkeit prüfen darf. Und das sind jeweils nur die Einsendungen, die die kritische Vorauswahl des Verlags heil überstanden haben.

Ja, aus irgendwelchen Gründen gibt es nämlich regelmäßig Menschen, die überzeugt sind, ihr geplantes Kochbuch der südschlesischen Wirsing-Gerichte passe eigentlich auch zur Ausschreibung des Wettbewerbs. Oder: »Stalingrad war viel ehrenhafter, als alle denken«. Oder: »Wie ich den Geist meiner toten Perserkatze in der Sauna erwürgt habe«. Oder: »Heitere Erlebnisse eines Controllers im AKW Brunsbüttel«. Sie ahnen gar nicht, was die Leute alles mit der Welt teilen wollen.

Aber wie gesagt: Diese nicht ganz den Kern des Preises treffenden Einsendungen bekomme ich gar nicht zu sehen. Ich erhalte nur die Exposés, also Inhaltsangaben, von Romanideen, die wirklich zur Ausschreibung passen – jeweils inklusive einiger Probekapitel. Und dann geht es los: Ich tauche über Tage in lauter fiktive Welten ein und schaue, in welcher ich gerne meine kostbare Lebenszeit verbringen möchte.

Dabei mache ich jedes Mal eine faszinierende Erfahrung: Es gibt Autoren, die schlagen eine Story vor, bei der ich sofort denke: *Super! Diese ungewöhnliche Geschichte muss endlich mal erzählt werden.* Und dann lese ich die ersten Zeilen der Leseprobe und muss schlucken, weil derjenige einfach nicht schreiben kann. So wie es umgekehrt auch Bewerber gibt, die wunderschön formulieren, aber einen absolut hirnrissigen Plot anbieten: wie die Kakerlaken mithilfe von Glyphosat die Weltherrschaft erlangen, zum Beispiel.

Hin und wieder jauchze ich dann aber auf: »Hurra, hier ist jemand, der kann erzählen – und hat sich eine wirklich gute Geschichte ausgedacht!« Begeistert lese ich weiter. Doch nach einigen weiteren Seiten spüre ich: Die Figuren in dem Roman werden irgendwie nicht lebendig. Das sind alles nur Klischees. Ja, diese Typen interessieren mich einfach nicht – und sie haben es gar nicht verdient, diese tolle Geschichte zu erleben.

WIR DENKEN IMMER, EIN GUTES LEBEN HINGE NUR VON EINEM BESTIMMTEN FAKTOR AB. IST ABER QUATSCH!

In manchen Einsendungen reden alle Protagonisten wie Oberstudienräte, einige Autoren glauben, sie müssten ihren Helden all die sexuellen Exzesse ermöglichen, die ihnen versagt geblieben sind – und andere haben zwar christliche Motive eingebaut, vermitteln aber eine Theologie, die schon zu Zeiten der Kreuzzüge ziemlich veraltet war. Na, zum Glück finden sich jedes Mal auch brillante Texte, die es verdienen, ausgezeichnet zu werden.

Neulich habe ich von diesen Erfahrungen in meinem Männerkreis erzählt und war überrascht, als Klaus sagte: »Aber das ist doch wie im richtigen Leben.« Wieso das? »Na ja, wir denken immer, ein gutes Leben hinge nur von einem bestimmten Faktor ab. Ist aber Quatsch. Du kannst eine tolle Lebensgeschichte haben – und sie trotzdem schlecht erzählen. Du kannst dein Leben gut erzählen, und dabei nur Klischees erfüllen. Und bei manchem stimmt alles – aber, weil er seine Beziehungen nicht auf die Reihe bekommt, bleibt dennoch alles hohl.«

Das wurde ein wirklich intensiver Abend. Denn wir haben lange angeregt darüber diskutiert, wann denn wohl ein Leben einen Preis verdient. Sehr spannend!

ANGEBER-WISSEN FÜR DIE FRÜHSTÜCKS-PAUSE

Thema: **Männergesundheit**

1,1 kg

Fleisch essen Männer durchschnittlich pro Woche – fast doppelt so viel wie Frauen.

Nach dem 30. Geburtstag haben **Männer in Beziehungen** bessere Gesundheitsaussichten als Singles. Anders als oft angenommen schneiden Single-Frauen ab 30 gesundheitlich aber auch nicht besser ab als allein lebende Männer.

47 %

aller jugendlichen auszubildenden Männer essen nie oder nur selten **frisches Gemüse**.

63,8 %

ALLER MÄNNER SIND SPORTLICH AKTIV.

83 %

aller Männer geben an, dass ihre Gesundheit zu den wichtigsten Dingen ihres Lebens gehört.

80 %

der meldepflichtigen Arbeitsunfälle betreffen Männer.

30

Bereits bei einer halben Stunde moderater **Aktivität** an fünf Tagen einer Woche (wie Treppensteigen und zügiges Gehen) zeigen sich positive gesundheitliche Effekte.

Wer Sport treibt, erhöht die Menge an **Serotonin** und anderen Botenstoffen wie **Dopamin, Adrenalin und Noradrenalin**.
Sie können eine Art Rauschzustand auslösen. Serotonin wird oft auch als Glückshormon bezeichnet, da es die Stimmung aufhellt.

2/3

aller Männer sind **übergewichtig**.

14,9 %

aller 2012 verstorbenen Männer starben an einer Herzkrankheit, die durch eine unausgewogene Ernährung verursacht wurde.

Bei Männern werden weniger depressive Störungen als bei Frauen diagnostiziert, doch zugleich ist ihre **Suizidrate** höher. Auch von **Alkoholsucht** sind deutlich mehr Männer als Frauen betroffen, dafür betreiben sie seltener **Medikamentenmissbrauch**.

Infografik: Bernd A. Hartwig | www.berndhartwig.de, Icons: freepik / flaticon, Zahlen: gesammelt aus: . Bundesministerium für Gesundheit, Barmer GEK, Robert Koch Institut, springermedizin.de, Schweizer Bundesamt für Statitis BFS, Deutsche Gesellschaft für Ernährung, ORF

WASCHBÄR-BAUCH

Es wird bald wieder Sommer!«, sagt meine Liebste. Und schaut auf meine Körpermitte. Sehr lange. Und während sie leicht pikiert die Mundwinkel hochzieht, kommt der Satz, den ich mehr fürchte als vieles andere: »Bei unserer Hochzeit warst du 10 Kilo leichter! Sahst gut aus. Damals.« O Mann!

Also überlege ich fieberhaft, wie ich der lästigen Pfunde Herr werde, die sich da so ausladend über meinem Hosenbund eingenistet haben. Vor der Badesaison. Und sofort durchzuckt es mich: Joggen geht gar nicht. Viel zu langweilig. Und vor allem total unchristlich. Schließlich heißt es schon in der Bibel unmissverständlich: »Nur der Gottlose rennt, wenn ihn keiner jagt« (Sprüche 28,1).

Mucki-Buden sind auch nicht mein Ding – und ob der Eintritt in einen coolen Sportverein schnell genug sichtbare Erfolge bringen würde, wage ich zu bezweifeln. Tja, da bleiben ja fast nur noch die Weight Watchers… nach dem Motto: »Hab' ich angerufen, hat aber keiner abgenommen.« Oder diese schlabbrigen Drinks aus der Werbung, mit deren Hilfe eine hübsche Frau locker am Strand langläuft und ihren Mops vor sich hüpfen lässt (man beachte den dezenten Singular).

Nun, ich fange erst mal ganz klassisch an. FdH. Die Diätsensation unserer Vorfahren: *Friss die Hälfte.* Klingt hart – ist es auch. Aber weil ich zudem die modernsten Erkenntnisse der Ökotrophologie anwende, verzichte ich nach 17 Uhr auf Kohlenhydrate. Und siehe da: Es klappt. Macht aber überhaupt keinen Spaß. Bis auf das Steak zum Salat am Abend. Ich meine: Wer braucht schon Kohlenhydrate?

Zwei Tage funktioniert das Ganze richtig super. Dann fange ich an, um unsere Süßigkeiten-Schublade herumzuschleichen. Nur ganz zufällig.

Weiß auch nicht, warum. Lag wohl grad auf dem Weg. Außerdem flüstert eine verführerische Stimme in mir: »In Marshmallows sind bestimmt keine Kohlenhydrate.« – »Gelten Kekse nicht doch als Grundnahrungsmittel?« Und: »Chips in Ehren kann niemand verwehren.« Dabei singt es andauernd in meinem Kopf: »Mars macht mobil, bei Arbeit, Sport und Spiel.«

Plötzlich wird mir klar, um was es hier eigentlich geht. Doch nicht um die blöde Frage, ob ich zwei Kilos mehr oder weniger auf den Hüften habe. Hier geht's ums Prinzip. Darum, ob mein Wille oder meine Lüste stärker sind. Ob die Vernunft oder die Gier in meinem Leben die Oberhand behalten. Wahnsinn! Während ich wie ein hungriger Wolf an Supermarktregalen vorbeistreune und erkennbar sabbere, verstehe ich, wie banal die großen existenziellen Fragen manchmal sind: Kann ich mich beherrschen oder werde ich beherrscht? Was bestimmt mein Handeln: die Klugheit oder die Triebe?

HIER GEHT'S UMS PRINZIP. DARUM, OB MEIN WILLE ODER MEINE LÜSTE STÄRKER SIND.

Und das gilt ja nicht nur fürs Essen. Das gilt fürs Lästern, für die Überstunden, für schnelle Blicke in fremde Dekolletés, für die Lust, gut dazustehen, und vieles mehr. Habe ich mich im Griff – oder hat etwas mich im Griff? Vielleicht steckt darin auch das Geheimnis des Glaubens: Mit Gottes Hilfe eine Kraft zu entwickeln, durch die man destruktive Strukturen überwindet. Zumindest immer öfter.

Ich kann zumindest verkünden: Ich habe schon drei Kilos abgenommen. Weil ich dem Sog der Süßigkeiten-Schublade mit meinem eisernen Willen widerstehen konnte.

Puh, der Text ist fertig. Jetzt brauch ich erst mal einen Schokoriegel. Ganz dringend.

PANTOFFELHELD

Mein Sohn ist elf – und noch in der Phase, in der er andauernd so prickelnde Fragen stellt wie: »Papa, wenn du ein Dino sein müsstest, welcher wärst du gern?«

Ich sage euch: Aus der Nummer kommt man nicht ungeschoren raus. Denn selbst wenn ich stottere: »Äh … ein … äh … Stegosaurus …«, folgt sofort die Frage: »Warum?«

Ja, warum? Keine Ahnung! Ich weiß nicht mal, wie so ein Vieh aussieht. Ist halt der erste, der mir eingefallen ist. Nach dem Tyrannosaurus Rex. Und wer will schon ein T-Rex sein? Also, bis auf meinen Sohn.

Gestern dann wieder so ein Klopper: »Papa, wenn du ein Superheld sein müsstest, welcher wärst du gern?«

Vorsichtig frage ich: »Superheld? Also so wie Shrek oder der Wikingerjunge Hicks oder Pipi Langstrumpf?«

Mein Sohn schaut mich an, als hätte ich nicht alle Tassen im Schrank: »Hä? Pipi Langstrumpf? Was redest du da? Ich meine Spiderman, Batman, Hulk, Thor, Captain America, die ›Lebende Fackel‹, Ant-Man oder Ironman. Echte Superhelden eben.«

Während ich mich noch frage, woher er diese martialische Sammlung von Action-Typen überhaupt kennt, die meines Wissens alle in Filmen ab 12 Jahren mitspielen, schaut meine Frau ins Zimmer. Ganz zufällig. Natürlich.

Mit einem breiten Grinsen sagt sie: »Das interessiert mich auch brennend: Welcher Superheld steckt in dir? Na, erzähl schon!«

Toll. Da steh ich nun. Meine Frau zieht amüsiert die Augenbrauen hoch, mein Sohn schaut mich erwartungsvoll an. Und ich habe nicht den blassesten Schimmer, welcher Held ich sein möchte. Dabei wäre ich eigentlich schon ganz gerne einer. Oder nicht? Doch! Klar! Aber welcher? Tja …

Noch bevor ich antworten kann, sagt mein Ehegespons: »Ihr Männer habt es echt nicht leicht. Alle Filme sind voll mit attraktiven Kerlen. Helden, die andauernd die Welt retten. Und wir Frauen müssen es mit euch Normalos aushalten.«

Baff. Tiefschlag.

Da platze ich heraus: »Gut, dann wäre ich gerne … Jesus.«

»Was?« Mein Sohn guckt sichtlich enttäuscht.

Doch jetzt bin ich in Fahrt: »Ja, bei Jesus wollten auch alle, dass er ein Mega-Held ist. Dass er die Römer mit seinen Superkräften vertreibt. Dass er als Kämpfer auftritt. Und dass er alles Böse mit einem Schlag vertreibt. Hat er aber nicht gemacht.«

KAMPFTYPEN VERÄNDERN VIELLEICHT ÄUSSERE UMSTÄNDE. ABER LIEBE VERÄNDERT HERZEN.

»Schade«, sagt mein Sohn.

»Nee«, sage ich. »Gar nicht schade. Weil Jesus erkannt hat, dass die stärkste aller Superkräfte die Liebe ist. Kampftypen verändern vielleicht äußere Umstände. Aber Liebe verändert Herzen. Und das ist auf Dauer viel wichtiger. Ich bleibe dabei: Ich wäre gerne derjenige, der am besten lieben kann.«

Mit einem Blick auf meine Gattin füge ich – vielleicht ein bisschen scharf – hinzu: »Und das kann ich besser als all diese … äh … Blockbuster-Buben.«

Als meine Frau schmunzelnd davontrottet, sagt mein Sohn: »Na, da hast du dich ja ganz gut aus der Affäre gezogen. Für mich bist du trotzdem ein Superheld.« *Puh!*

EIN UMGE-ZOGENER JUNGE

Ich sitze im Keller auf einer Umzugskiste. Ziemlich labile Angelegenheit. Gelegentlich muss ich schrecklich nießen, weil sich meine Allergie gegen Hausstaub meldet und diese »Untergrundaktion« einigen aufwirbelt. Und wieder mal kein Taschentuch weit und breit. Nebenbei: Auch meine Augen jucken besorgniserregend. Nur weiß ich nicht, ob das von der Allergie kommt – oder davon, dass mich das geplante Ausmisten vor dem Umzug so mitnimmt.

In der Hand halte ich nämlich Liebesbriefe. Auf kitschig-geblümtem Papier. Die hat mir eine frühe Liebe geschrieben. Da waren wir beide noch Teenager. Ist lang her. Richtig lang. Ich wusste nicht einmal mehr, dass ich die aufgehoben habe – aber plötzlich lag ein ganzes Bündel davon in meiner Hand. Als ich einen der vielen Kartons aus der hinteren Kellerecke geöffnet habe, die da teilweise schon seit dem letzten Umzug stehen. Und dann wollte ich natürlich doch einen Blick hineinwerfen.

»Ich werde dich immer lieben!«, steht ganz oben auf dem Brief! Was für starke Worte. Stimmte aber nicht. Sie hat mich verlassen. Damals. Und ich habe gelitten. Unfassbar gelitten. Das weiß ich noch genau. Weil ich nicht verstehen konnte und nicht glauben wollte, dass Liebe so einfach – mir nichts, dir nichts – aufhört. Plötzlich, Jahrzehnte später, ist der Schmerz wieder da. Als wäre er nie weg gewesen. Nur abgelegt in irgendwelchen verborgenen Winkeln meines Herzens. In Herzenskellerräumen.

Ich wühle lieber weiter in den Kartons, bevor mich die Erinnerung übermannt. Kurz darauf fällt mir ein vergilbter Artikel in die Hand. O Mann! Bei einem Band-Nachwuchs-Wettbewerb bin ich mal Zweiter geworden. Und eine Zeitung hat darüber geschrieben. Auf dem Foto grinst mich eine pickelige Halbstarken-Version meiner selbst an. Mit E-Gitarre in der Hand. Wie stolz ich damals war! Wie bewegt. Wie euphorisch. Natürlich: An dem Abend habe ich zum ersten Mal ernsthaft überlegt, ob ich nicht Künstler werden sollte. Wieder öffnet sich ein Herzenskellerraum.

Und dann finde ich auch noch den Brief einer Frankfurter Schulleitung, in dem meinen Eltern mitgeteilt wird, dass ich der Grundschule verwiesen werde. Warum? Weil ich auf eine Lehrerin mit einem Stuhl losgegangen bin. Als Neunjähriger. Sogar die damit verbundenen Ängste kommen wieder hoch. Zum Glück nicht nur die. Ich durfte nämlich auf der Schule bleiben. Weil sich die Lehrerin für mich einsetzte. Weil sie dem empörten Direktor in einem langwierigen Gespräch erklärte, dass sie trotz dieses Ausrutschers »an mich glaube«. Das war vermutlich die erste Gnaden-Erfahrung meines Lebens. Wie konnte ich die fast vergessen?

PLÖTZLICH IST DER SCHMERZ WIEDER DA. ALS WÄRE ER NUR ABGELEGT IN IRGENDEINEM HERZENSKELLERRAUM.

Auf einmal durchfährt es mich: »Jetzt weiß ich endlich, nach welchen Kriterien ich richtig entrümpeln kann. Ich behalte nur das … und zwar wirklich nur das, was sich als ›Schlüssel‹ zu einem Herzenskellerraum entpuppt. Das, was mir Zugang zu den vielen prägenden Gefühlen meines Lebens verschafft.«

Und so gehe ich dann auch vor. Die alten Karl-May-Bände: weg. Die werde ich eh nie wieder lesen. Der kaum genutzte Picknick-Korb: weg. Die riesige Glasschale, die in kein Regal passt: weg. Ja, die war bestimmt teuer. Und ein Geschenk. Aber ich werde sie garantiert nirgendwo aufstellen. Und diese Nussbaum-Bretter, von denen ich mir seit zwölf Jahren sage: »Wer weiß, wozu man die noch mal brauchen kann« – weg, die braucht kein Mensch. Dagegen: die Dias von meiner ersten Fahrradtour nach Ungarn, die bleiben.

Als ich aus dem Keller komme, bin ich eingestaubt, aber glücklich. Vor allem aber erleichtert. Im wahrsten Sinn des Wortes. Nächste Woche kann der Sperrmüll kommen – und ganz viel mitnehmen. Ich bin trotzdem reicher als vorher.

PFARRER-FLUCHT – NACH VORNE

Ich bin ja in einem meiner Berufe Theologe – und war auch viele Jahre Gemeindepfarrer in einem »kleinen stillen Örtchen«, wie es ein Freund von mir gerne ausdrückt. Und dort ist mir zum ersten Mal das Grundproblem aller Seelsorger begegnet, die existenziellste Einschränkung des Daseins überhaupt. Aufgepasst: Da dich in deiner Gemeinde jede Sau kennt, kannst du da nie die Sau rauslassen!

Ist doch wahr: Egal, auf welcher Party du als Pfarrer gerade bist, irgendwer aus deinem Kirchenvorstand, deinem Bauausschuss oder deinem Seniorenkreis hockt da garantiert auch 'rum – und dann sei mal entspannt oder schlag über die Stränge. Das geht nicht. Vor allem, weil dein Verhalten spätestens am nächsten Tag Ortsgespräch wäre: »Hast du schon gehört, Hilde? Unser Pfarrer hat gestern bei der Ingrid ihrer Fete angesäuselt auf dem Tisch getanzt.«

Also habe ich eine Zeit lang versucht, vor allem auf Partys zu gehen, die möglichst weit entfernt stattfanden. War aber auch nicht so erfolgreich. Obwohl: Einmal war ich tatsächlich zu einem Fest eingeladen, bei dem ich niemanden kannte. Wirklich: niemanden! Da durchzog mich nach langer Zeit plötzlich mal wieder so ein ozeanisches Gefühl der Freiheit. Heute ist es so weit: Ich kann tatsächlich mal ohne angezogene Handbremse feiern. Wahnsinn!

Tja, und dann … dann kommt um 22 Uhr eine Schnapsleiche auf mich zugetorkelt und nuschelt: »Sag mal, was machst denn du so beruflich?« Kurz habe ich überlegt, ob ich einfach schwindeln oder meine Profession geschickt umschreiben soll: »Ich … äh … mach was mit Menschen.« Oder: »Ich arbeite als spiritueller Kybernetiker!« Oder: »Ich kümmere mich als CEO um ehrenamtliche HR.« Aber weil ich so eine ehrliche Socke bin, habe ich dann eben doch laut gesagt: »Ich bin Pfarrer!«

Da war echt eine Bombenstimmung im Raum. Der Typ schaut mich an und sagt: »Bei welcher Spedition?« Ich musste ihn erst mal aufklären: »Nein, nicht Fahrer, sondern *Pf*arrer.« Daraufhin dreht er sich wortlos um und verschwindet. Allerdings nur für zehn Minuten. Dann kommt er zurück, schaut mir tief in die Augen und sagt: »Das mit den Hexenverbrennungen fand ich nicht gut.« Ganz großes Kino. Jetzt sollte ich mich also wieder mal für alle Fehler der Kirchengeschichte entschuldigen.

Kurz habe ich überlegt, ob ich einfach was Freches antworten soll. So was wie: »Hexenverbrennungen? Na, hätte es deine Vorfahren erwischt, wäre uns doch einiges erspart geblieben.« Konnte ich aber nicht, weil ich mich ja schon als Pfarrer geoutet hatte. Der Satz: »Nach den Hexenverbrennungen war Europa wenigstens besenrein«, ging auch nicht. Also habe ich kurzerhand geantwortet: »Das waren die Katholiken.« Das ist natürlich historischer Unsinn, aber das weiß er ja nicht.

ABER WEIL ICH SO EINE EHRLICHE SOCKE BIN, HABE ICH DANN EBEN DOCH LAUT GESAGT: »ICH BIN PFARRER!«

Nach dieser Erfahrung war klar: Ich werde mir in Zukunft keinen Kopf mehr darüber machen, was irgendwer von mir denken könnte. Sollen sie doch reden! Und: Wäre es wirklich ein Skandal, wenn der »Herr Pfarrer« mal ein Glas zu viel trinkt (was ich übrigens gar nicht mache) oder auf dem Tisch tanzt (was ich leidenschaftlich gerne mache)? Meine verblüffendste Erfahrung ist … jetzt sagen mir ständig Menschen mit leuchtenden Augen: »Echt, du bist Pfarrer. Hätte ich gar nicht gedacht.« Und schon reden wir angeregt über den Glauben. Spannend!

FRISCHLUFT-THEOLOGIE

Endlich mal wieder Männerkreis. Wir sitzen entspannt auf der Terrasse, meditieren den Rotwein, der sanft in unseren Gläsern rotiert, und genießen die laue Luft des Sommerabends. Keiner sagt was. Warum auch? Es ist ja alles gut.

Irgendwann durchbricht Rainers Stimme bewegt die Stille: »Wenn ich so in den Himmel schaue, die Vögel zwitschern höre und den Wind auf der Haut spüre, dann verstehe ich, warum sich Menschen in der Natur Gott besonders nah fühlen.«

Alle brummend zustimmend. Und Bernd fügt selig hinzu: »Wie sagte schon der alte Goethe: ›Wer die Natur als göttliches Organ leugnen will, der leugne nur gleich alle Offenbarung.‹ Recht hat er. Und wie!« Erneut geht ein wohlig einvernehmliches Raunen durch die Runde. Alle heben ihre Rotweinkelche und prosten sich zu.

Dieter beugt sich vor: »Also, ich finde: In der Natur kann man auch viel besser beten als im Gottesdienst. Bäume, Wiesen und Rehkitze: Da weht einen der Atem Gottes doch deutlich intensiver an als in düsteren Kirchengemäuern. Im Wald, versteht ihr, da atmet die Liturgie des Lebens, im Freien, nicht in irgendwelchen grässlichen Wechselgesängen, die kein Mensch mehr versteht. Ihr singt da ja echt jeden Sonntag ein Zeug. Was hör' ich im Gottesdienst ständig: ›Alfred hat nun ein Ende …‹«

Ich stelle mein Weinglas ab. »Es heißt: ›All Fehd' hat nun ein Ende!‹«

»Egal, versteht auch keiner mehr. Aber die Natur, die lädt ganz unmittelbar zur Auseinandersetzung mit Gott ein. Herrlich.«

Ein bisschen gehässig frage ich: »Mal Hand aufs Herz: Wer von euch hat denn mal richtig intensiv in der Natur gebetet, weil er sich dort von Gott so berührt fühlte?«

Alle starren hilflos auf ihre Hände oder checken ihre Mails. Es ist wieder ganz still.

»Seht ihr, das meine ich. Natur ist was Tolles, aber … wartet mal …« Ich suche schnell mit meinem Smartphone ein Zitat, das ich vor Kurzem gelesen habe. »… Moment, genau, hier: Martin Luther hat sehr pointiert geschrieben: ›Gott ist in allen Kreaturen, im Stein, im Feuer, im Wasser. Er will aber nicht, dass du überall nach ihm tappst. Sondern, wo das Wort ist, da tappe nach, so ergreifst du ihn recht.‹ Versteht ihr? Ja, die Natur verweist auf Gott, aber was nützt ein Wegweiser, wenn ich gar nicht genau weiß, wonach ich suche? Man muss zum Beispiel verstehen, dass Gott der Schöpfer ist, wenn man das Göttliche in der Schöpfung wahrnehmen will.

WAS NÜTZT EIN WEGWEISER, WENN ICH GAR NICHT GENAU WEISS, WONACH ICH SUCHE?

Apropos ›Natur und Bibel‹, also ›Wort‹, wie Luther hier sagt: Nächsten Sonntag feiere ich einen sommerlichen Open-Air-Gottesdienst oben am Herzberg. Da könnt ihr alle hinkommen, und habt dann gleich beides. Super, oder? Na, was denkt ihr?«

Rainer grinst: »Ja, klar, gerne. Allerdings: Am Herzberg … da zieht es saumäßig. Und die Wettervorhersage ist auch nicht prickelnd. Ich habe keine Lust, klitschnass zu werden.«

Bernd nickt ebenfalls: »Tolle Idee, ich bin nur leider allergisch gegen Spitzwegerich und Sauerampfer. Die blühen gerade total. Außerdem: Bei Open-Air-Gottesdiensten versteht man nichts, weil der Pfarrer kein Mikrofon hat. Und unser Posaunenchor ist auch …«

»Genau«, ergänzt Dieter, »die spielen selbst Tanzmusik, als wäre es ein Trauermarsch. Und beim letzten Mal hatte ich nachher eine Zecke … an einer für Männer echt unangenehmen Stelle. Das passiert mir nicht noch mal!«

Na, denke ich feixend, *wer solche »Naturburschen« um sich hat, kann sie getrost vom Göttlichen im Wald schwärmen lassen. Er muss nur dafür sorgen, dass die Kirche immer gemütlich warm ist.*

ZURÜCK-GEBLIEBEN

Ich habe etwas gemacht, was man nicht machen sollte. Ein absolutes No-Go, wie es so schön auf Neudeutsch heißt: Ich bin in dem Ort, in dem ich einige Jahre Gemeindepfarrer war, wohnen geblieben – auch wenn ich inzwischen einen überregionalen Dienstauftrag habe.

Das geht eigentlich gar nicht. Zu grausam und erbarmungslos sind die Geschichten von ehemaligen Kolleginnen und Kollegen, die weiterhin regelmäßig im Gemeindebüro auftauchen, um ihren Nachkommen freundlich, aber bestimmt zu erklären, was sie alles anders angehen könnten. Oder die dann mit verkniffenem Gesicht im Gottesdienst hocken und bei der Predigt demonstrativ den Kopf schütteln. Da bekommt das Wort Altlasten ganz neue Brisanz – und man ahnt, wie weit der Begriff »Geißel Gottes« gehen kann.

Ich wollte die Situation unbedingt gesitteter gestalten, habe das Gemeindebüro seit meinem Abschied nicht mehr betreten, halte mich in der Gemeinde möglichst aus allem raus und weise die gelegentlichen Anfragen – »Können Sie meine Tochter nicht doch trauen, Sie haben sie doch schon getauft!« – vehement von mir: »Das macht meine Nachfolgerin gerne.« Und ich hatte lange den Eindruck: Ich bekomme das ganz gut hin.

Bis letzte Woche. Denn da erhielt ich folgende herzzerreißende Mail: »Lieber Herr Pfarrer, meine Nachbarin ist 94 Jahre alt und sehr krank. Sie wünscht dringend einen Anruf von Ihnen. Wenn möglich sofort. Unten finden Sie ihre Nummer. Bitte lassen Sie es oft klingeln, da sie nicht mehr gut hört.« Da saß ich nun. Eingeholt von meiner Vergangenheit.

Mit einem Mal hatte ich den Eindruck, ein Teufelchen und ein Engelchen hätten auf meinen Schultern Platz genommen, um mir ins Ohr zu flüstern: »Die rufst du nicht an. Du bist ohnehin immer viel zu weich.

Die will sich garantiert eine Beerdigung erschleichen. Möglicherweise ist das sogar eine dieser reaktionären Seniorinnen, die nur von einem Mann bestattet werden will. Das Spiel machst du nicht mit.« – »Und wenn sie nur ein persönliches Seelsorgegespräch wünscht?« – »Auch dann bist du nicht mehr zuständig. Dann soll sie sich bitte schön an die neue Kollegin wenden. Die macht das großartig.« Na super!

Nun, weil ich am gleichen Abend Männerkreis hatte, bat ich auch die anwesenden Herren um einen Rat: »Wessen Auftrag ist das nun? Mein – oder nicht mein, das ist hier die Frage.«

Michael, der meine junge Nachfolgerin sehr schätzt, sagte sofort: »Du hältst dich da gefälligst raus und schickst ihr die Anfrage.« Uwe hingegen, der meinen Weggang noch immer bedauert, war der Meinung: »Offensichtlich hat diese Frau eine Beziehung zu dir, da wäre es unhöflich, sich nicht persönlich zu melden.« Danke, sehr hilfreich!

Ehe wir uns versahen, waren wir in tief gehende Grundsatzdebatten verstrickt, leider mit gespaltenen Solidaritäten: Während die einen erklärten, ein Pfarrer sei immer, überall und für alle im Dienst, fanden die anderen, man müsse als Ehemaliger akzeptieren, dass die, die nach einem kommen, die Dinge ganz anders machen. Vielleicht ja sogar deutlich besser.

Schließlich raunte Rainer: »Los, ruf sie an! Jetzt.« Das machte ich. Mit einem flauen Gefühl im Magen. Es meldete sich eine rauchige Stimme: »Ja?« – »Hier ist der Pfarrer.« – »Wer?« – »Der ehemalige Pfarrer ihres Ortes.« – »Wer?« Inzwischen schrie ich: »Der Pfarrer von früher. Sie haben um ein Gespräch gebeten, ich möchte Sie da gerne an meine Kollegin verweisen.«

»Ach, der Pfarrer. Wieso ein Gespräch! Ich brauche kein Gespräch. Ich brauche eine Kontonummer. Sie haben doch diesen Kulturverein mitgegründet – und ich würde gerne was spenden.« Etwas perplex stotterte ich die IBAN in den Hörer, bedankte mich und legte auf.

Mein Männerkreis sah mich feixend an, und Uwe sagte: »Da hat einer die Situation völlig falsch eingeschätzt, weil er für sich einen Konflikt konstruiert hat, der vor allem in seinem Kopf existiert.« Stimmt! Möchte nicht wissen, wie oft und wo mir das wohl noch passiert.

ANGEBER-WISSEN FÜR DIE FRÜHSTÜCKS-PAUSE

Thema: **Falten**

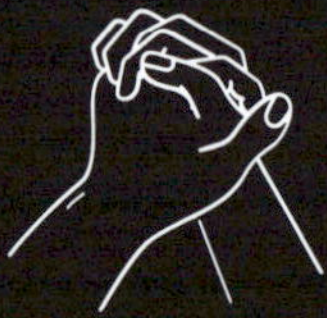

Um 1100

entstand die Tradition des Händefaltens beim Gebet. Die Geste, die Handflächen offen aneinanderzulegen, stammt ursprünglich vom Lehnseid. Das Gebet mit verschränkten Fingern kam erst in der Reformationszeit auf.

70 %

aller Deutschen falten ihr Toilettenpapier vor der Nutzung, 7 % knüllen es, 2 % wickeln das Papier um die Hand.

8 m

Stoff braucht man für einen traditionellen Schottenrock, da solch ein aus gewebter Schurwolle hergestellter Wickelrock vorne zwar glatt ist, aber hinten 25 bis 30 Falten hat, die genau an das Muster des Stoffes angepasst werden.

2000

Jahre alt ist die japanische Kunst des Papierfaltens (»Origami«: japanisch für Papier und Falten). Traditionell wurden bei Hochzeiten 1000 gefaltete Kraniche als Glücksbringer vom Vater an die Braut überreicht.

7x

kann man ein DIN-A4-Papier höchstens falten. Mehr geht nicht, da die Dicke des Papiers bei jedem Falten exponentiell wächst. Beim siebten Mal ist das Papier so dick wie ein 128 Seiten dicker Roman.

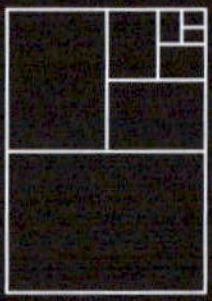

Die **Bindegewebsfasern**

der Haut sorgen dafür, dass das Gewebe stabil und gleichzeitig elastisch ist. Im Alter werden die Zellen träge und die Haut wirft Falten. Auch wer viel lacht, hat früher Falten um Augen und Mundwinkel. Wissenschaftler haben aber herausgefunden, dass Lachfalten ein Gesicht attraktiv machen.

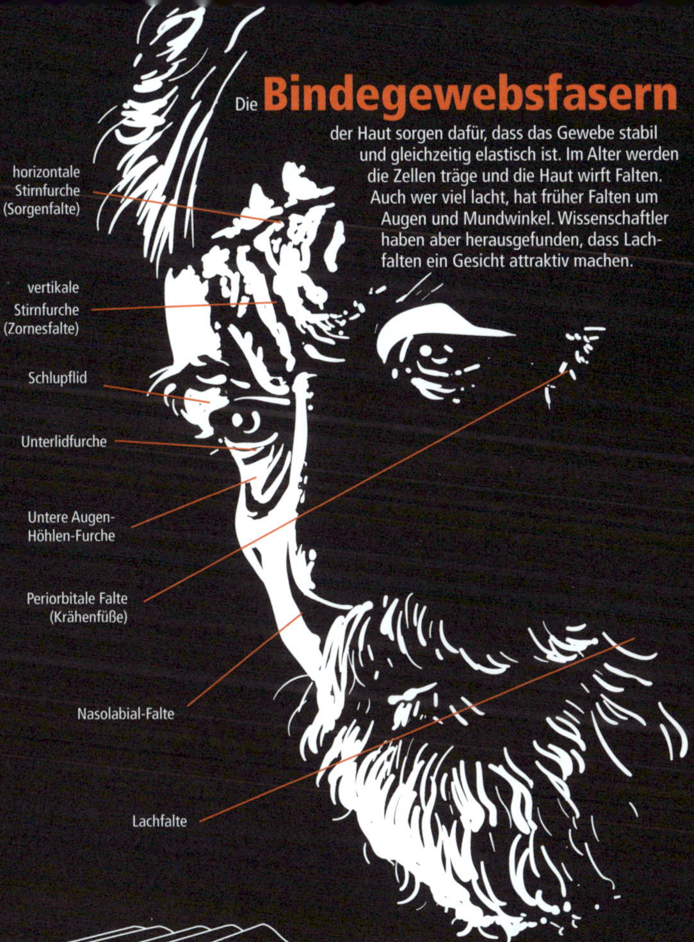

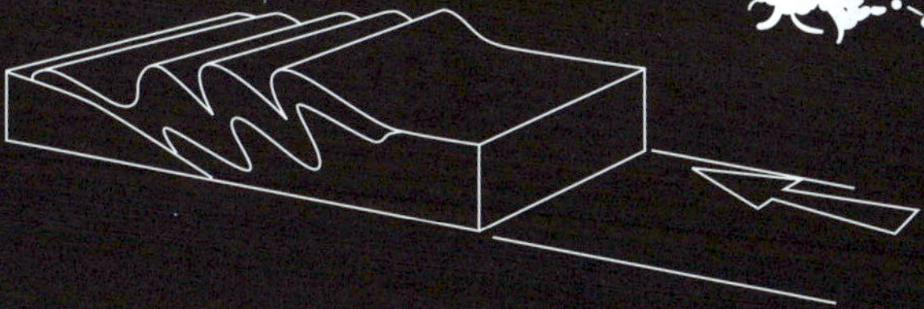

Faltengebirge entstehen,

wenn sich zwei tektonische Platten der Erdkruste aufeinander zubewegen und einen so starken Druck ausüben, dass sie in der Kontaktzone hochgedrückt und gefaltet werden. Die Alpen sind durch das Aufeinandertreffen der Afrikanischen mit der Eurasischen Platte entstanden.

Gestaltung: Bernd A. Hartwig | www.berndhartwig.de, Redaktion: Dr. Anita Kullen, Zahlen gesammelt aus Wikipedia, hamburgpapier-shop.de , deutschlandfunknova, ba-bamail bild, stuttgarter-nachrichten, Illu: shutterstock, Icons: noun project, Flaticon.com

BEWEISE DICH!

Vor drei Jahren war ich während einer Studienreise in Australien. Und da passierte es! Ich wollte mich bei Facebook einloggen und bekam eine unfassbar garstige Warnmeldung. Sie lautete sinngemäß: »Sie befinden sich nicht auf dem Kontinent, in dem Sie ursprünglich gemeldet sind. Sie könnten also ein widerwärtiger Konto-Knacker sein, der den armen Fabian Vogt um seine kostbaren Daten und seine wertvollen Schnappschüsse vom Wellnessurlaub in Offenbach berauben will. Los! Beweisen Sie, dass Sie Sie sind.«

Tja, da saß ich also im wilden Outback, knabberte getrocknete Känguru-Häppchen und sollte irgendeinem fernen Algorithmus beweisen, dass ich ich bin. Nur, wie macht man das? Wie beweist man, dass man wirklich der ist, der man zu sein vorgibt? Spannende Frage, oder?

Wenn man mal von Personalausweis, Führerschein oder Kreditkarte absieht (weil man das ja alles verlieren kann): Was kann man eigentlich tun, um zu belegen, dass man keine Fälschung ist? Ja, ich weiß, man kann die Röntgenbilder seines Gebisses nutzen, die hatte ich aber gerade nicht griffbereit.

Nun, die digitale Security erwies sich in meiner extraterrestrischen Not als äußerst entgegenkommend. Sie hatte nämlich einen versöhnlichen Vorschlag: »Wir zeigen Ihnen jetzt drei Bilder von Menschen, die mit Ihnen bei Facebook befreundet sind. Und Sie müssen uns nur kurz sagen, wer diese Personen sind. Dann bekommen Sie Zugriff auf Ihre Seite.« Als Hilfe gab es sogar pro Bild drei Namensvorschläge. Sehr nett. Malltippel Scheiß – oder wie das auf Deutsch heißt. Und los ging's!

Mein Problem war allerdings: Ich starrte jedes Bild verzweifelt an – und kannte keine von den Pappnasen. Nicht eine. Ich hätte sogar schwören können, dass ich auch die Namen, die danebenstanden und mich irgendwie verhöhnten, noch nie in meinem Leben gehört hatte. Was aber nicht stimmen konnte, denn ich muss die dazugehörigen Menschen ja irgendwann mal als Internet-Weggenossen akzeptiert haben.

Nun, es ist schon lange ein offenes Geheimnis, dass der Begriff »Freund« online etwas anderes bedeutet als offline. Aber seit dieser ernüchternden Erfahrung in Australien – bei der ich natürlich am Ende nicht auf meine Facebook-Seite zugreifen konnte (»So ein Mist!«) – denke ich doch vermehrt über Freundschaft nach. Nicht nur, weil ich vielleicht zu oft »Bestätigen« gedrückt habe, wenn jemand mit mir netzmäßig befreundet sein wollte (und ich mich dabei ertappe, dass ich das in der Realität genauso leichtfertig mache), sondern auch, weil Freundschaft eben etwas mit Kennen zu tun hat.

»LOS! BEWEISEN SIE, DASS SIE SIE SIND.«

Wenn die Bibel von einer besonders innigen Beziehung redet, dann steht da ja die wunderschöne Formulierung: »Sie erkannten einander.« Sogar für Sex wird dieses kluge Wort benutzt. Um deutlich zu machen: Das Besondere am miteinander Schlafen ist nicht das Körperliche, sondern die Entdeckung, dass der andere mich erkennt. Mich wirklich erkennt. Dass er ahnt oder spürt, wer ich bin. Und das gilt auch und besonders für Freunde: Sie erkennen mich. Für sie bin ich nicht nur eine von Tausenden von Bekanntschaften, sondern einer der wenigen, die sie erkennen. Und umgekehrt.

Das heißt: Wenn mich das nächste Mal so eine bescheuerte Maschine auffordert, mich »zu beweisen«, dann schicke ich ihr eine Liste mit den Namen meiner Freunde: »Frag die, wer ich bin, die kennen mich.«

COOL UND LÄSSIG

Die Kollegin zog mich nach dem Meeting freundlich, aber bestimmt in ihr Büro. Dann baute sie sich vor mir auf: »Das geht so nicht. Du kannst doch Markus nicht vor allen Leuten dermaßen abkanzeln.«

Was? Ich hatte keine Ahnung, wovon sie überhaupt sprach. Aber sie fuchste weiter: »Du hast eben eindeutig klargemacht, dass du ihn für einen Vollpfosten hältst.« Ich verkniff mir eine bissige Bemerkung, war mir aber keiner Schuld bewusst: »Wieso? Ich habe doch nur sachlich darauf hingewiesen, dass mir einige seiner Projektideen noch nicht ganz ausgereift erscheinen.« Die Kollegin sog laut die Luft ein: »Es war dein Tonfall, Fabian, dein Tonfall … der klang so überheblich, ja, fast verächtlich. Hast du das nicht bemerkt?«

Und plötzlich kam eine uralte Erinnerung in mir hoch. Eine, die ich nie vergessen werde. Ich hatte nämlich mal ein Jahr lang Schauspielunterricht. Wirklich! Ich. Und schon hinter dieser Tatsache steckt eine ziemlich skurrile Geschichte: Ein angehender Schauspiellehrer hatte seinen Professoren angekündigt: »Als Examensprojekt werde ich fünf völlig unbeleckte Menschen ein Jahr lang unterrichten – und sie am Ende in einer sensationellen Inszenierung der Welt präsentieren.« Keine Ahnung, wieso er bei »völlig unbeleckte Menschen« ausgerechnet auf mich kam, aber plötzlich saß ich jede Woche mehrfach in einem Schauspiel-Seminar. Irre!

Ich meine: Da lernt man echt, wie es geht, sich zum Horst zu machen. (Mein Mitgefühl für alle Horsts dieser Welt, aber bei uns heißt das so.) Wie gesagt, in diesem Power-Intensiv-Kurs folgte eine verrückte Übung auf die andere: »Jetzt bewegen wir uns alle mal wie angetrunkene Frettchen!«, »Heute lernen wir, mit den Ohrläppchen zu lächeln«, »Bitte flüstert den Satz: ›Ich hätte gerne eine faulige Mango‹ so, als wärt ihr sexuell erregt«,

»Stellt zusammen eine Brotback-Maschine dar«, »Performt eine Beerdigung als Comedy!«, »Zeigt uns, wie ein Mensch aussieht, der auf dem 10-Meter-Sprungturm steht und sich nicht traut« …

Als besonders irritierend entpuppten sich dabei die Ratespiele: »Esst pantomimisch ein Stück Obst – und die anderen müssen es erraten.« Wobei: Vielleicht hat meine negative Einstellung auch mit meinem Trauma zu tun. Eines Tages lautete die Übung nämlich: »Jede und jeder bekommt einen Zettel mit einer Eigenschaft, die er oder sie den anderen vorspielen soll – bis die sie erkannt haben.«

WÄHREND ICH GLAUBTE, ICH SÄHE COOL UND LÄSSIG AUS, WAR DEM ÜBERHAUPT NICHT SO. O JE …

Ich zog meinen Charakterzug – und da stand: »Cool und lässig«. *Kein Problem*, dachte ich, *denn, Gott sei Dank: Ich bin ja cool und lässig.* Also lief ich total cool und lässig durch den Raum. Ganz natürlich. Nur … und das war ein Schock für mich: Es erkannte keiner. Niemand! Und die Mutmaßungen meiner Kommilitonen wurden immer abstruser: »Du bist … äh … verpeilt!«, »Angetrunken!«, »Liebeskummer!«, »Traumatisiert!«, »Du hast Durchfall!« Während ich glaubte, ich sähe cool und lässig aus, war dem überhaupt nicht so. O je …

Damals im Schauspielunterricht habe ich kapiert, dass Selbstwahrnehmung und Fremdwahrnehmung manchmal nichts, aber auch gar nichts miteinander zu tun haben müssen. Und dass es nur eine Möglichkeit gibt, dieses Dilemma zu überwinden: Ich brauche Menschen, denen ich erlaube, mir ehrlich zu sagen, wie das, was ich ausstrahle, bei ihnen ankommt. Und weil meine kritische Kollegin zu denen gehört, denen ich vertraue, bin ich nach diesem kurzen Flashback direkt zu unserem Mitarbeiter Markus gegangen und habe mich entschuldigt. Für meinen – offensichtlich – unangebrachten Ton. War dann ein richtiges gutes Gespräch.

WEIHNACHTS-BRIEFE

Auf dem Weg zum Männerkreis begegne ich nacheinander drei Gemeindegliedern, die alle das Bedürfnis haben, mir »nur ganz kurz« ihr Leben zu erzählen: »Ach, Herr Pfarrer, wie gut, dass ich Sie treffe.«

Und dann geht es los: von den legendären Mirabellenernten in den Sechzigern über uneheliche Schwangerschaften in den Siebzigern bis hin zur detailverliebten Beschreibung der Gallenstein-Entfernung letzte Woche (»Schauen Sie, hier ist die Narbe. Sieht lustig aus, oder?«).

Lange Rede, kurzer Sinn: Ich komme zu spät. Doch als ich den verrückten Kerlen in der Sitzgruppe erzähle, was mich aufgehalten hat, lachen sie nur. Und Joachim ruft: »Ach, an dem Thema sind wir auch gerade dran.«

»Wieso?«, frage ich. »Na ja«, sagt Bernd, »es ist doch wieder Zeit für die Familienweihnachtsbriefe. Du weißt schon, diese total lustigen Rundschreiben, in denen man all seinen Bekannten ungefragt, aber dafür total ausführlich berichtet, was jedes Mitglied der eigenen Familie im vergangenen Jahr Tolles erlebt hat.«

»So was macht ihr?« Joachim druckst herum: »Na ja, meine Frau will das. Unbedingt!« Die anderen Männer nicken. Schicksalsergeben. Offensichtlich von ihren Gattinnen ebenfalls zum Schreiben verdonnert. »Jetzt hocken wir hier und überlegen gemeinsam, was wir über unsere Brut berichten können.«

Bernd nimmt einen tiefen Schluck aus seinem Rotweinglas. »Mal ehrlich, Birgit möchte doch nur, dass wir so einen Weihnachtsbrief verschicken, weil alle ihre Freundinnen das auch machen. Dabei will ich deren blödes Zeug überhaupt nicht lesen!«

Mit verstellter Stimme zitiert er höhnisch: »*Joschi hat in diesem Jahr mit seinem Krummhorn dreimal Jugend musiziert gewonnen, Jeanette konnte gleich zwei Klassen überspringen, Werner ist zum Oberaufsichtsratsvorsitzenden ernannt worden, im Sommer waren wir Gleitschirmfliegen auf den Malediven und die Nagel-Boutique von Verena läuft dermaßen gut, dass sie sich einen Chagall kaufen musste …* Ich könnte kotzen.«

»Genau!«, ruft Joachim, und sein Schnauben lässt vermuten, dass er gleich explodiert. »Wenn du in so einen Brief ehrlich reinschreibst, dass ihr nur an der Ostsee wart und deine Tochter bei den Bundesjugendspielen den 37. Platz gemacht hat, dann kommst du dir vor wie der letzte Dödel. Fehlt nur noch, dass in so einem Brief steht: *Wir haben viermal die Woche tollen Sex!* Aber das kommt sicher demnächst.«

Einen kurzen Moment schweigen alle. Betroffen. (Oder neidisch.)

Ich möchte gerne etwas pädagogisch Wertvolles beitragen und sage: »Na ja, wenn es jemand nötig hat, sich so zu produzieren ... bitte schön. Aber ich möchte von echten Freunden nicht nur Höhen, sondern auch die Tiefen erfahren.«

Plötzlich muss Bernd losprusten: »Vielleicht sollte ich in unserem Brief erzählen, wie Birgit an der Mecklenburger Seenplatte eine schreckliche Magen-Darm-Grippe bekam und vier Tage lang gekotzt hat. Einmal sogar ins Auto. Ich glaube, ich habe ein Bild davon auf dem Handy. Wollt ihr mal sehen?«

Erstaunlicherweise winken alle ab.

Dann sammeln wir Vorschläge, von welchen Erfahrungen man seinen guten Freunden erzählen könnte. Die reine Wahrheit! Gar nicht so leicht. Soll man zugeben, dass man sich auf einen neuen Job beworben hatte – und ihn nicht bekommen hat? Dass der Sohn neuerdings kifft? Dass das Konto hässlich überzogen ist? Oder dass man mit der Liebsten in einer Paartherapie war? Warum eigentlich nicht?

Joachim schreibt eifrig mit. Schließlich ruft er aufgeregt: »Danke, Jungs, ich liebe euch! Wenn ich meiner Frau diesen Entwurf zeige, brauche ich nie wieder einen Rundbrief zu verfassen!«

Schlagartig stockt er: »Obwohl, vielleicht steht sie ja auf die neue Ehrlichkeit. Und was mach' ich dann?«

GESCHENKT

Endlich mal wieder Männerkreis. Alle sind nach den Feiertagen gut gelaunt und erzählen irgendwelche skurrilen Weihnachtsanekdoten – und davon, welche hässlichen Geschenke sie unbedingt noch umtauschen müssen. Nur Andreas guckt plötzlich total bedröppelt.

»Was'n los?«, frage ich ihn in mittelhessischer Direktheit.

Er druckst ein bisschen 'rum, aber als ihn alle dezent neugierig anstarren, rückt er schließlich doch mit der Sprache raus: »Na ja, von wegen Geschenke: Morgen sehe ich zum ersten Mal einen meiner Kollegen wieder. Den mag ich nicht besonders. Aber der Typ hat mir ein riesen Weihnachtsgeschenk gemacht. Eine Uhr, die ich mal nebenbei in einem Gespräch erwähnt habe. Ziemlich teures Teil. Was mache ich denn jetzt?«

»Äh, dich freuen!«, schlage ich vor, aber Andreas schüttelt nur verbissen den Kopf: »Ich … also … ich habe ihm halt überhaupt nichts geschenkt. Wie soll ich dem denn jetzt unter die Augen treten? Das ist echt eine total bescheuerte Situation.«

»Na, dann kauf ihm eben auch noch was, ein teures Rasierwasser oder so, da gibt es jetzt irgendwas cooles Neues von Giorgio Armani«, schlägt Jürgen vor, doch alle Daumen in der Runde zeigen nach unten.

»Was für ein Quatsch. Dann merkt er doch erst recht, dass Andreas ihn vergessen hat. Das macht alles nur noch schlimmer.«

»Genau!« Mit diesem Wort richtet sich unser griesgrämiger Freund auf. »Vor allem: Ich habe den Kerl ja gar nicht vergessen. Ich finde den einfach total unsympathisch. Warum sollte ich dem was schenken? Aber ich will halt auch nicht in seiner Schuld stehen.«

Betretenes Schweigen in der Runde.

Da hebt Peter beschwichtigend beide Hände. »Also: Das ist ja mal wieder typisch deutsch, oder? Wir denken ständig, wenn uns einer was

Gutes getan hat, dann sind wir ihm was schuldig. Oder, wir müssten das ausgleichen.«

Jürgen fällt ihm ins Wort: »Genau. Dabei wäre das Ganze überhaupt kein Geschenk mehr, wenn wir uns innerlich verpflichtet fühlen, es auszugleichen. Dann wäre das nur ein getarnter Tauschhandel. Primitivstes ›Gibst du mir was, geb' ich dir was‹. Ein echtes Geschenk braucht keine Erwiderung.«

EIN ECHTES GESCHENK BRAUCHT KEINE ERWIDERUNG, ODER?

Auf einmal reden alle durcheinander: »Das sagt sich so leicht!« – »Man hat halt doch ein schlechtes Gewissen.« – »Geschenkt ist geschenkt!« – »Und jetzt?«

Peter zitiert eine Untersuchung, nach der sich die Deutschen mit am schwersten tun, einfach mal was anzunehmen. Und plötzlich sind wir mitten in einer theologischen Diskussion: Fällt es den Menschen so schwer, an Gott zu glauben, weil sie da akzeptieren müssten, dass er ihnen seine Liebe einfach so schenkt, ohne ein Gegengeschenk zu erwarten?

Am Ende seufzt Andreas: »Ihr habt recht. Mein Kollege hat mir ein teures Geschenk gemacht – und ich werde das jetzt einfach genießen und nicht erwidern. Weil sich ja erst dann der Geist des Schenkens wirklich entfaltet.«

Erleichtert prosten wir uns zu.

Tja, und wen treffe ich am nächsten Morgen in der Drogerie? Andreas! In der Rasierwasserabteilung. Was hält er in der Hand? Das neue Aftershave von Giorgio Armani. Ganz schön teuer. Als er mich sieht, stellt er den Flakon sofort wieder zurück. »Äh, ich wollte das nur mal ausprobieren. Das soll ja wirklich sehr gut sein.«

Dann fängt er an zu lachen. »Mist, ich krieg das doch nicht hin … mit dem Geschenke-einfach-so-Annehmen. Ist aber auch echt schwierig.« Stimmt.

SCHWUNGVOLL

Ich weiß gar nicht mehr genau, wie es dazu kam, aber mein Freund Till und ich haben über Jahre jedes Mal, wenn wir uns getroffen haben – quasi als Running Gag – vollmundig erklärt: »Achtung! Eines Tages gehen wir beide zusammen curlen.« Sie wissen schon: Curling ist dieses Winter-Bocchia, bei dem man den anderen aufs Glatteis führt. Insofern war das kein Running, sondern eher ein Sliding Gag.

Ich glaube, es lag daran, dass Curling im Fernsehen wegen der dazugehörigen Bewegungen immer was Slapstickartiges hat: Buster Keaton versucht, Sport zu machen. Und irgendwann meinte ich spöttisch: »Wenn es irgendeine Disziplin gibt, in der wir beide noch mal Olympiareife erreichen können, dann höchstens Curling.« Woraufhin Till mit einem süffisanten Grinsen hinzufügte: »Außerdem müssen dabei immer zwei Leute rasend schnell den Boden wischen. Da nehmen wir unsere Frauen mit. Die können das!« (Ein Satz, für den ich mich direkt entschuldige. Er meint das nicht so.)

Wie dem auch sei: Vor zwei Wochen rief Till an. »Stell dir vor: Ich habe uns eine Curling-Bahn gebucht. Unser Traum wird wahr. Das erste Training. Am nächsten Wochenende.« Oh!

Und so standen wir wenige Tage später tatsächlich mit unseren Herzdamen auf dem Eis – alle mit einem aalglatten »Slider« unter dem Schuh, mit dem man noch tausendmal mehr (aus-)rutscht als mit abgelatschten Sohlen – und versuchten, rund 19 Kilo schwere Steine zu einem vierzig Meter entfernten Zielkreis gleiten zu lassen. Glauben Sie mir: Das sah einige Zeit wirklich aus wie Slapstick.

Vorher hatte uns ein Coach nicht nur in die Geschichte des Curlings eingeführt – der »grandiosesten Sportart von allen«, die »schon 1541 urkundlich erwähnt wurde« –, sondern uns vor allem in das eigentliche Geheimnis dieser Präzisionssportart eingeweiht, die auch »Schach auf dem Eis« bezeichnet wird.

Es ist nämlich so: Ein Spieler schickt den Stein zwar los, aber die beiden Wischenden sind die wahren Helden. Ja, sie können durch die Art, wie sie wischen, die Bahn des Steins nicht nur um bis zu sieben Meter verlängern, sondern auch seine Richtung beeinflussen. Je nachdem, wie schnell und wo sie wischen, sorgen sie dafür, dass die kleinen Hubbel auf der Eisfläche leicht antauen, sodass das Gleitverhalten des Steines beeinflusst wird. Sprich: Noch nie war Power-Schrubben so wertvoll.

Insofern hatten Till und ich Curling nicht nur auf beschämende Weise unterschätzt, wir merkten auch bald: Unsere zunehmend verkrampften Versuche, die Steine mit männlicher Energie in den Zielkreis zu zwingen, waren alle zum Scheitern verurteilt. Weil es nun mal so ist: Einen Stein, der zu viel Schwung hat, kann auf dem Eis nichts mehr aufhalten. Er rast gnadenlos am Ziel vorbei. Während ein Stein, der anfangs ein wenig zu langsam scheint, mit gekonntem Wischen elegant an die gewünschte Markierung gebracht werden kann.

Dementsprechend wurde das Grinsen unserer Frauen immer breiter, als sie einen Punkt nach dem anderen kassierten. Gleichzeitig näherte sich die Laune von Till, passend zum Ambiente, dem Gefrierpunkt. In diesem Moment hatte ich so etwas wie eine unverfrorene Erkenntnis: Es ist im Leben gar nicht so schwer, in Schwung zu kommen. Die Kunst besteht darin, nicht übers Ziel hinauszuschießen, sondern dafür zu sorgen, dass der Schwung gut dosiert ist und bis ans Ziel trägt.

Seither überlege ich fieberhaft, was die richtigen »Wischbewegungen« für meinen Lebensschwung sind. Was den anfänglichen Schwung verlängert, mich ermutigt und mir die Wege ebnet. Und wie ich den Schwung von anderen bis ins Ziel »wischen« kann.

Der Coach meinte übrigens am Ende: »Ich fürchte, das mit Olympia wird nichts. Aber fürs erste Mal wart ihr echt gut.« Da konnte auch Till wieder lachen.

ANGEBER-WISSEN FÜR DIE FRÜHSTÜCKS-PAUSE

Thema: **Geschwindigkeit**

134 km/h

erreichte Sebastiaan Bowier in Nevada mit seinem vollverkleideten **Liegerad** über 200 Meter ohne Windschutz in der Ebene.

115 km/h

Der Geschwindigkeitsrekord eines Profi-Renn-**Bobby-Cars** wurde durch Marcel Paul im September 2012 beim Festival of Speed in Gedern erzielt.

50 km/h

Das schnellste fliegende **Insekt** ist die Edellibelle *Austrophlebia Costalis.*

44,7 km/h

Spitzengeschwindigkeit erreichte Usain Bolt beim **100-Meter-Lauf** der Leichtathletik-Weltmeisterschaften 2009.

2 km/h

beträgt die Höchstgeschwindigkeit, mit der das **Blut** durch den menschlichen Körper gepumpt wird. An vielen Stellen fließt das Blut jedoch deutlich langsamer.

1 km/h

beträgt die Fallgeschwindigkeit einer **Schneeflocke**.

0,3 mm/Tag

Haare wachsen ca. 1 cm pro Monat. Für ein Meter lange Haare muss man also etwa 8 Jahre warten.

188 km/h

fuhr der Mean Mower Tuning-**Rasenmäher** von Honda auf einer Teststrecke durch einen 100 Meter langen Messbereich. Die mögliche Höchstgeschwindigkeit liegt sogar bei mehr als 200 km/h. Und Rasen mähen kann die Maschine auch – zumindest bis zu einer Geschwindigkeit von 24 km/h.

251 km/h

ist der Geschwindigkeits-weltrekord beim **Skifahren**.

322 km/h

fliegt der **Wanderfalke** im Sturzflug. Somit ist er der schnellste Vogel.

324 km/h

Der wohl schnellste **Raser** der Schweiz muss sich in Lausanne vor Gericht verantworten: Er war in einem Bentley über die Autobahn A1 gefegt.

400 km/h

Die **Nerven** übertragen Bewegungsbefehle und Gefühle vom Hirn an das Rückenmark oder an die Muskeln und zurück. Dabei leiten besonders schnelle Nerven die Befehle mit bis zu 400 km/h weiter.

1000 km/h

Fast mit Schallgeschwindigkeit werden beim **Husten** störende Teile aus der Lunge nach außen geschleudert.

3529 km/h

Im Juli 1976 stellten Adolphus Bledsoe und Eldon Joersz mit ihrem **Flugzeug** Lockheed SR-71A Blackbird den Geschwindigkeitsweltrekord auf.

299 800 km/s

ist die Geschwindigkeit des **Lichts**.

DAS GROSSE GANZE

Ich erlebe selten, dass zehn gestandene Männer mit offenem Mund dasitzen und fassungslos in die Gegend starren. Aber letzte Woche war es so weit, als Tim in unserem Männerkreis erzählt hat, was ihm in seinem Job passiert ist. Und ich dachte mir: *Ich lasse Tim einfach mal selbst berichten.* Achtung! Hier ist seine Geschichte:

»Ihr wisst ja, dass ich als Ingenieur in einem großen deutschen Technikunternehmen arbeite. Und es wurmt mich seit einiger Zeit, dass es bei einem Gerät, das ich mitentwickelt habe, regelmäßig Reklamationen gibt. Unsere Serviceabteilung ist deswegen ziemlich genervt und hat mir vorgerechnet, dass die ständigen Garantiefälle unser Unternehmen jedes Jahr Hunderttausende von Euro kosten. Vor allem, weil keiner weiß, was die Fehlfunktionen verursacht, und sie meist das komplette Ding austauschen müssen.

Also habe ich mich hingesetzt und den Fehler gesucht. Nächtelang. Ich bin ja ein totaler Tüftler, wie meine Frau gerne sagt. Und ich wollte natürlich wissen, warum das Gerät – *mein* Gerät – nicht zuverlässig funktioniert. Und siehe da: Ich bin fündig geworden … und weiß jetzt: Schuld an den Reklamationen ist ein winziges Bauteil, das rumzickt und dadurch für Funktionsausfälle sorgt. Was zum Glück auch bedeutet: Die Komplikationen liegen nicht an der Konstruktion, sondern an einer schadhaften Komponente eines Zulieferers.

Umso mehr habe ich mich über meine nächste Entdeckung gefreut: Ich habe nämlich herausgefunden, dass es für dieses zickende Bauteil im Handel eine zuverlässige Alternative gibt, sodass sich die Probleme leicht beheben lassen. Mit diesem Wissen und mit leuchtenden Augen bin ich in das Büro meines Vorgesetzten gestürmt und habe ihm übermütig berichtet, wie wir unser Produkt optimieren können.

Und was sagt mein Chef? Ganz ruhig und trocken: ›Nein. Das machen wir nicht!‹ – ›Was, warum denn nicht?‹ Da erklärt er mir, ohne rot zu werden: ›Ganz einfach: Das alte Bauteil kostet 30 Cent, das neue Bauteil 80 Cent. In unserem Unternehmen hat aber jede Abteilung ein eigenes, klar definiertes Budget. Und ich bin nicht bereit, unsere Unkosten zu erhöhen, nur damit die Serviceabteilung was spart.‹ – ›Was?‹, habe ich erwidert: ›Unterm Strich sparen wir dadurch als Gesamtunternehmen gigantische Beträge, da muss es doch möglich sein …‹ – ›Keine Diskussion. Die Sache ist entschieden: Wir ändern nichts am Produkt.‹

Ja, genau so doof wie ihr jetzt, habe ich da auch aus der Wäsche geguckt. Aber so ist es: Mein Chef will mit seinem Unterhaushalt gut dastehen … und nimmt dafür in Kauf, dass das Gesamtunternehmen massiven Schaden nimmt. Bravo!«

Puh! Nach der ersten Schockstarre gab es in unserem Männerkreis natürlich Rabatz: »Tim! Du musst zum Vorstand gehen!« – »Informier' die Presse!« – »Setz' das bei der Aktionärsversammlung auf die Tagesordnung!« Doch dann passierte etwas Erstaunliches: Als sich die Gemüter ein wenig beruhigt hatten, gestanden nämlich die übrigen Männer – einer nach dem anderen – ein, dass es dieses »Silo-Denken« – jeder kümmert sich nur um seine Abteilung – in ihren Firmen genauso gibt. Vielleicht nicht so extrem, aber ähnlich destruktiv.

Und nicht nur das: Einer berichtete von seiner Kirchengemeinde, die gerade mit zwei anderen Gemeinden fusionieren soll. Seither herrscht in der Region ein Glaubenskrieg, weil jeder Vorstand nur seine Pfründe sichern will, anstatt das Wohl aller in den Blick zu nehmen.

Natürlich waren wir uns im Männerkreis einig: Der Chef von Markus spinnt, wenn er das 30-Cent-Bauteil nicht gegen das für 80 Cent austauscht. Noch viel wichtiger wäre es aber, das dahinter liegende Denken zu überwinden. Denn das dominiert leider viel zu oft. Sprich: Hätten in Zukunft alle das große Ganze vor Augen, könnte sich die Welt verändern.

WAG' DEN SPRUNG

Manchmal können zwei Worte, ja, zwei Silben, ein Leben völlig verändern. Zum Beispiel, als ich meinem pubertierenden Sohn im Januar vor seinem 17. Geburtstag erklärte: »Dieses Jahr darfst du dir was wünschen!«, und er strahlend antwortete: »Ich würde gerne mal Fallschirmspringen.« Denn dann kamen die beiden Laute, die sich als Wendepunkt meines Daseins entpuppten: »Mit dir!«

Was? Mit mir? In 3000 Meter Höhe aus einem Flugzeug hüpfen? Ich? Ich mit meiner Höhenangst, der ich schon auf einer Haushaltsleiter mit zwei Stufen das widerliche Gefühl habe, bösartige Kräfte würden mich in den Abgrund zerren? Das war doch bestimmt nur ein Scherz, oder? »Nein!«, lachte mein Sohn. »Ich fände das toll, wenn wir gemeinsam einen Sprung machen würden. So als Vater-Sohn-Erlebnis! Du hast doch keine Angst, oder?«

Na toll! Und während ich mir Bedenkzeit erbat – nur, um nach Terminen zu schauen –, strahlten mich auch noch von vielen Plakatwänden des Rhein-Main-Gebietes grenzdebile, grinsende Gesichter an, die mir nur eine Frage stellten: »Wann hast du das letzte Mal etwas zum ersten Mal gemacht?«

Nun, vielleicht war es wirklich Zeit, mal im wahrsten Sinne des Wortes über meinen Schatten »zu springen« und etwas Neues zu wagen? Durfte ich mich vor meinem Sohn als Angsthase outen? Wohl kaum! Schließlich holte ich mehrfach tief Luft und verkündete – wider besseres Wissen: »Ich mach's!«

Eine Woche später saßen mein Sohn und ich mit zehn anderen offensichtlich genauso Bekloppten in einem Flugzeug, das sich in die Höhe schraubte. Und während ich krampfhaft versuchte, meinem Sohn zuzugrinsen, brach der Theologe in mir hervor. Denn eine innere Stimme fragte mich leise: »Hat nicht der Teufel zu Jesus in der Wüste gesagt: ›Stürze dich in die Tiefe, dann werden wir ja sehen, ob Gott dich bewahrt.‹ Und Jesus hat doch damals weise geantwortet: ›Du sollst Gott nicht versuchen.‹« War ich gerade dabei, Gott herauszufordern? Ja, geschah es mir nicht recht, wenn sich der Fallschirm bei mir nicht öffnete?« Doch mein Vertrauen siegte: »Was immer auch passiert: Ich bin in Gottes Hand. So oder so!«

Statistisch – ich hatte recherchiert – ist die Autofahrt zum Flugplatz riskanter als der Fallschirmsprung selbst. Und bei rund 260 000 Sprüngen in Deutschland pro Jahr sind zuletzt nur zwei Leute verunglückt. War das jetzt beruhigend? Egal: Wir hatten 3000 Meter Höhe erreicht und die Tür der Maschine wurde geöffnet. Der erfahrene Springer, mit dem ich für den Tandemsprung verbandelt war, rief noch: »Denk dran, am sichersten ist es, wenn du dich wie eine Banane krümmst!« Dann gab er mir einen leichten Stoß.

STATISTISCH IST DIE AUTOFAHRT ZUM FLUGPLATZ RISKANTER ALS DER FALLSCHIRM-SPRUNG SELBST.

Und … es war fantastisch! Vor allem, weil man gar nicht merkt, dass man fällt. Man spürt zwar den Fahrtwind im Gesicht, aber weil ein klarer Bezugspunkt fehlt, fühlt es sich an, als schwebe man einfach so im Himmel herum. Schwerelos. Befreit. Sodass sich die 30 Sekunden freier Fall vor dem Öffnen des Fallschirms wie eine kleine Ewigkeit anfühlen.

Als wir wieder am Boden waren, kam mein Sohn auf mich zugestürmt: »Wahnsinn, oder?« Dann fügte er spöttisch hinzu: »Mein Begleiter hat mir gesagt: ›Ich glaube, dein Vater hat viel mehr Angst als du!‹« Ein Satz, den mein Sprössling seither überall genüsslich zitiert.

Aber er irrt sich. So bin ich nicht mehr. Denn dieser Sprung hat etwas mit mir gemacht. Zumindest passiert es jetzt gelegentlich, dass ich mir vor einer Herausforderung nur sagen muss: »Hey, du bist in 3000 Metern Höhe aus einem Flugzeug gesprungen. Wovor solltest du dich auf Erden noch fürchten?« Und das tut gut. Inzwischen stehe ich auch mit artistischer Gelassenheit auf jeder Leiter. Zwei Stufen. Pah!

VORTÄNZER

Wir haben unsere Kinder in guter Alt-Achtundsechziger-Tradition, sprich: antiautoritär, erzogen. Das heißt auch: keine Ohrfeigen und keine Prügel. Und ich würde sagen: Es hat ihnen nicht geschadet. Echt nicht! Ja, meine Frau und ich hatten uns schon vor der Geburt der Kinder geeinigt: Wir werden unserem Nachwuchs viel zutrauen und sie zu nichts zwingen.

Und siehe da: Selbst in den Bereichen, in denen es doch sinnvoll scheint, Spielregeln aufzustellen, kam es nie dazu, dass wir wüste Sanktionen wie Taschengeldentzug, Hausarrest, Medienverbot oder gar Zwangsernährung mit Brokkoli hätten verhängen müssen. Die Kinder haben sich tatsächlich benommen, als wüssten sie auch so, was gut für sie ist.

Ich dachte schon, jetzt wäre alles pädagogisch wertvoll eingespurt, bis meine Frau eines Tages ihr wahres Gesicht zeigte. Denn plötzlich hörte ich sie unserem Sohn energisch erklären: »Mir ist völlig egal, was du willst. Du gehst gefälligst zum Tanzkurs. Hast du mich verstanden?« Hatte er nicht. Vielleicht auch, weil ihn dieser diktatorische Tyranninnen-Ton (hier passt die gendergerechte Form endlich mal) so überrascht hat.

»Aber warum?« Verzweiflung überzog sein Gesicht. Und ich stellte mich als treu sorgender Vater sofort hinter ihn: »Ja, warum?« Das hätte ich besser nicht fragen sollen. Denn meine Frau sah mich mit giftigen Blicken an: »Damit ihm nicht das gleiche Elend widerfährt wie dir: Du hattest als Jugendlicher keinen Tanzunterricht – und heute bewegst du dich auf der Tanzfläche wie ein angeschossenes Wisent. Ja, gegen dich ist ein Betonmischer grazil. Ich möchte einfach nicht, dass unser Sohn so schmählich endet wie du …«

Hilflos stotterte ich: »Aber ich habe doch mit 40 mit dir extra noch mal einen Tanzkurs besucht.« Da gab sie einen höhnischen Laut von sich, der Darth Vader alle Ehre gemacht hätte: »Genau, und da haben wir ja gesehen: Was man als Jugendlicher versäumt, kann man nie mehr aufholen. Du trampelst planlos umher, kannst Cha-Cha-Cha nicht von Quickstepp unterscheiden – und vor allem führst du mich nicht so, wie ich es will.«

Ihre brutalstmögliche Miene sagte mir, dass ich trotz dieses Paradoxons besser nicht weiter insistieren sollte. Nur mein Sohn rief: »Ich geh aber trotzdem nicht hin. Basta!« Von wegen. Meine Frau verbündete sich mit mehreren anderen Müttern unwilliger Klassenkameraden – und diese konspirative Amazonen-Clique meldete einfach dreist die versammelte Testosteron-Bande direkt bei der Tanzschule an. Widerrede ausgeschlossen. Auch Basta.

Tja, dann kam der Tag der Tage: Unser Sohn ging mit Leichenbittermiene aus dem Haus. Zur ersten Tanzstunde. Empört über diese unfassbare Beschränkung seiner Menschenrechte – und darüber, dass *Amnesty International* auf seinen Hilferuf nicht einmal reagiert hatte. Ein einziger Trotz. Der höchste Grad an Beleidigt-Sein, den man sich vorstellen kann. Wir Eltern dagegen saßen wie paralysiert auf dem Sofa, weil wir unsere antiautoritären Ideale am Ende doch verraten hatten.

Es wurde ein langer Abend. Aber dann klingelte das Telefon. Unser Sohn. Mit einem breiten Lächeln in der Stimme. Aufgekratzt, wie lange nicht mehr: »Hey, Mama, ich bin dir so dankbar, dass du mich zum Tanzkurs gezwungen hast. Es ist der Hammer – und macht tierisch Spaß. Wir ziehen jetzt noch ein bisschen um die Häuser. Bis dann, tschau!«

Seither fragen wir, meine Frau und ich, uns immer wieder: »Haben wir was falsch gemacht? Also: Zu welchem Glück hätten wir unsere Kinder vielleicht noch zwingen müssen? Eventuell ist der Mensch ja doch nicht seines Glückes Schmied, sondern braucht ab und an einen Schubser in die richtige Richtung?«

Meine Frau jedenfalls findet, es wäre besser gewesen, wenn meine Eltern mich damals auch zum Tanzen gezwungen hätten. Na toll!

AB IN DIE TONNE!

In unserer kleinen Vorortstraße gibt es ein wundervolles Ritual: Jedes Mal, wenn im Morgengrauen zwischen 6 und 7 Uhr die Müllabfuhr um die Ecke biegt, stürzen drei bis fünf völlig schlaftrunkene Gestalten in Bademänteln oder wehenden Nachthemden aus ihren Hauseingängen, um im letzten Moment noch die richtige Mülltonne an die Bürgersteigkante zu rollen. Ein Anblick für die Götter! Für Menschen dagegen ist es vor allem amüsant zu sehen, wie wir Pantoffelhelden jede Woche verzweifelt versuchen, unser vorabendliches Versäumnis wiedergutzumachen.

Dabei ist es nicht so, dass es in unserer Straße keinen Abfallkalender gäbe. Natürlich haben wir alle einen. Aber um das Ding zu verstehen, brauchst du einen Master in Kryptologie. Die Angaben klingen nämlich ungefähr so: »Wenn Sie in Bezirk C2 wohnen, eine gerade Hausnummer haben und im Aszendenten Steinbock geboren sind, dann gilt für Sie Mo4.«

Auf der Rückseite des Planes findet man dann einen winzigen Hinweis, damit sei gemeint, dass am vierten Montag im Monat (Mo4) eventuell der Papiermüll abgeholt wird. Vielleicht aber auch nicht. Vor allem: Ein Feiertag, ein kleiner Streik oder ein zarter Schneesturm bringt das Ganze ohnehin völlig aus dem Rhythmus. Wie dem auch sei … ich glaube: Auf diesen Plan schaut schon lange keiner mehr.

Wobei, das stimmt nicht ganz: Es gibt in unserer Straße offensichtlich einige pensionierte Geheimdienstler, die den subtilen Code des Abfallkalenders geknackt haben oder über subversive Drähte zum Amt für Abfallentsorgung verfügen. Die stellen nämlich ihre Tonnen immer genau dann, wenn ich damit überhaupt nicht rechnen würde, demonstrativ auf die Straße. Mit so einem ein wenig überheblichen Gesichtsausdruck: »Seht ihr! Morgen ist der Biomüll dran. Und ich wusste es! Bätsch!«

Was natürlich dazu führt, dass viele Leute ihre Tonnen dann ebenfalls rausstellen. Allerdings nicht immer mit Erfolg: Gelegentlich irren sich sogar unsere Abfallexperten, und alle Anwohner schieben ihren Müll am nächsten Morgen mürrisch zurück ans Haus.

Ich weiß, das klingt jetzt ein bisschen gemein, aber kürzlich wollte ich herausfinden, wie viel Lemming-DNA wirklich in unserem menschlichen Erbgut steckt. Also habe ich einfach mal an einem beliebigen Dienstagnachmittag freudestrahlend meine gelben Säcke auf die Straße gestellt. Und? Siehe da: Die Aktion war ein voller Erfolg. Zwei Stunden später standen in jeder Einfahrt gelbe Säcke. Und wie! Eine Nachbarin hat mir sogar noch fröhlich zugewunken: »Wusste gar nicht, dass es schon wieder so weit ist.« Daraufhin habe ich alle meine Säcke wieder reingeräumt. Nur um ihr verdutztes Gesicht zu sehen.

ICH WOLLTE HERAUSFINDEN, WIE VIEL LEMMING-DNA WIRKLICH IN UNSEREM MENSCHLICHEN ERBGUT STECKT.

An dieses Erlebnis anschließend haben wir in unserem Männerkreis intensiv darüber diskutiert, welche Dinge wir eigentlich nur machen, weil andere sie auch machen. Also: In welchen Lebensbezügen wir uns von anderen steuern lassen. Sei es beim Wunsch, bestimmte Erwartungen zu erfüllen, sei es, dass wir Trends ungefragt übernehmen oder dass wir auch anfangen, Klopapier zu horten … nur, weil es gerade alle tun. Dabei waren wir uns schnell einig, dass es höchst kläglich ist, andere für sich denken zu lassen. Und dass wir uns anstrengen wollen, selbst mündige Entscheidungen zu treffen.

Na toll! Jetzt muss ich doch versuchen, diesen bescheuerten Abfallkalender zu verstehen. Wie war das noch: Restmüll immer am zweiten Montag im Monat, wenn der Januarvollmond nach der Weihnachtsbaumabfuhr liegt … oder so ähnlich.

Und falls ich doch danebenliege: Macht nix! Denn wenn man im Winter im Schlafanzug aus dem Schlafzimmer bis auf die Straße gejoggt ist, wird man wenigstens wach. Und zwar so richtig.

ANGEBER-WISSEN FÜR DIE FRÜHSTÜCKS-PAUSE

Thema: **Männer**

3,5 % der Beschäftigen in der Kindertagesbetreuung sind männlich.

Hobbys, die Männer bei Frauen attraktiv finden:

- 76 % KOCHEN
- 51 % MUSIK
- 47 % AEROBIC
- 47 % THEATER
- 29 % HEIMWERKEN
- 18 % FALLSCHIRMSPRINGEN
- 14 % FUSSBALL
- 11 % STRICKEN

19,84 €

ist der durchschnittliche Bruttostundenverdienst von Männern. Frauen hingegen verdienen durchschnittlich nur 15,56 Euro, das sind 22 % weniger als bei Männern. 22 % des Jahres sind 80 Tage – dies entspricht genau der Spanne vom Beginn des Jahres bis zum 21. März.

107,2 l

Bier trinkt statistisch gesehen jeder Bundesbürger im Jahr. Dabei ist Bier bei Männern nach wie vor wesentlich beliebter als bei Frauen – Männer trinken im Vergleich zu Frauen fast die siebenfache Menge.

62 %

der Männer haben schon mal ein wichtiges Passwort vergessen.

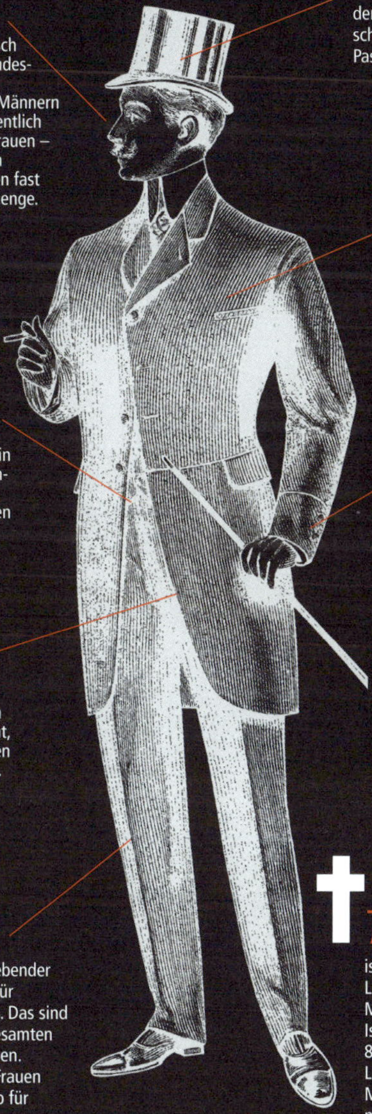

9 %

der Männer kennen ihre Blutgruppe.

178 g

Brot verzehrt ein Mann im Durchschnitt am Tag. Frauen hingegen nur 133g.

33 Jahre

alt ist ein deutscher Mann bei seiner ersten Hochzeit. 1970 lag das durchschnittliche Heiratsalter von Männern in der BRD bei 26, in der DDR sogar bei 24 Jahren.

58 %

der Männer haben schon mal versucht, ihren Namen in den Schnee zu pinkeln.

312 €

gibt ein alleinlebender Mann im Jahr für Bekleidung aus. Das sind 1,8 % seiner gesamten Konsumausgaben. Alleinlebende Frauen geben 504 Euro für Bekleidung aus.

† 78,6 JAHRE

ist die durchschnittliche Lebenserwartung von Männern in Deutschland. Isländer werden im Schnitt 81,6 Jahre alt. Die niedrigste Lebenserwartung haben Männer aus Sierra Leone mit 45,2 Jahren.

Infografik: Bernd A. Hartwig | www.berndhartwig.de; Illustration: © lynea - Fotolia.com; Zahlen gesammelt aus: Statistisches Bundesamt, Statista, Bundesministerium für Ernährung und Landwirtschaft, SZ-Magazin

WORK-WIFE-BALANCE

»Ich bin so was von sauer!«, sagt Jochen und wirft sich mit einem verächtlichen Schnauben auf mein Sofa.

»Was ist denn los?«, frage ich.

»Die Kindertagesstätten werden bestreikt. Ich könnte kotzen.«

Vorsichtig versuche ich, ihn zu beruhigen – während nach und nach die anderen Mitglieder unseres Männerkreises eintrudeln: »Sieh mal, Erzieherinnen werden wirklich unterbezahlt. Ich kann das gut nachvollziehen ...«

»Ach was«, unterbricht mich Jochen, »darum geht es doch gar nicht. Ich rege mich tierisch darüber auf, dass in allen Medien die armen Mütter bedauert werden, die jetzt Krisenbewältigung machen müssen. Die Muttis, die verzweifelt ihre sozialen Netzwerke ausreizen ...« Wütend richtet er seinen Oberkörper auf. »Und wer spricht von uns Männern? Wer spricht von mir? Von meinem Leid?«

Mit einem seelsorgerlichen Unterton sage ich: »Erzähl!«

Aufbrausend fängt er an: »Bisher hat das immer gut funktioniert, dass Birgit und ich beide arbeiten. Klar, es war anstrengend. Aber jetzt ... Chaos pur. Der Kleine kann nicht in den Kindergarten, meine Eltern sind im Urlaub, Birgits Mutter hat 'ne komische Vernissage – und deshalb muss einer von uns zu Hause bleiben.«

Alex hält ihm ein Bier hin. »Ja und? Bleibt Birgit daheim. Ist doch kein Problem.«

Jochen stöhnt, während er trinkt. »Doch. Genau das ist das Problem! Sie findet nämlich, dass wir das Thema mal grundsätzlich klären sollten. Also, wessen Job wertvoller ist. Seither fliegen bei uns die Fetzen.«

Er zieht eine Grimasse. »Wisst ihr, ich bin gerade in der Endphase eines Internet-Projekts. Allerdings meint Birgit, es sei für die Welt völlig egal, ob man im Netz eine Bestellung mit drei oder nur mit zwei Klicks abschließt. Während sie als Mitarbeiterin im Jugendamt echt Leben rettet. Deshalb sollte ich gefälligst Urlaub beantragen.«

Alex regt sich auf: »Na, hör mal, du verdienst doch viel mehr als sie.«

Jochen schüttelt den Kopf. Verzweifelt. »Habe ich auch gesagt. Fand sie aber nicht überzeugend. Im Gegenteil: Ich musste mir wüste Vorhaltungen machen lassen, dass Frauen überall weniger Gehalt bekommen. Jedenfalls … ich habe mir jetzt frei genommen. Und zusätzlich die Nächte durchgearbeitet, weil ich ja das Projekt abschließen muss.«

DURCH DEN AUSNAHMEZUSTAND WIRD UNS BEWUSST, WIE SEHR WIR UNS VERLOREN HABEN. MIST!

Dann wird Jochen ernst. Sehr ernst sogar. Erschreckend ernst. »Das Verrückte ist: Bislang dachte ich immer, dass ich in unserem durchgeplanten Alltag zu kurz komme. Jetzt wird mir zum ersten Mal klar: Birgit geht es genauso. Mehr noch: Solange wir unser Familiensystem gut organisieren konnten, hatten wir den Eindruck, es läuft ja. Aber durch den Ausnahmezustand wird uns bewusst, wie sehr wir uns verloren haben. Mist!«

Jetzt macht keiner mehr flapsige Bemerkungen. Nicht mal Alex.

Jochen murmelt: »Vor allem bin ich traurig, dass Birgit gar nicht so glücklich ist, wie ich vermutet habe. Das zumindest ist mir bei all dem Ärger klar geworden. Und: Ich bin mit schuld daran, weil ich unbewusst doch erwartet habe, dass sie ihr Leben um meines herum baut. Das würde ich gerne ändern. Wenn ich nur wüsste, wie.«

Ein aufwühlender Abend. Einer, an dessen Ende Wilhelm, der Pensionär in unserer Runde, sagt: »Ist doch gut, wenn euch der Kita-Streik vor Augen führt, wie verplant ihr seid! Und morgen früh bringt ihr euren Sohn zu uns. Jutta und ich haben schließlich Zeit.«

Spontan lacht Jochen wieder. »Da sag' mal einer, Männer hätten keine Netzwerke.«

TOLLE TOLLE

Neulich war meine Frau streng mit mir: »Du bist Theologe. Du musst anständig aussehen. Schau doch mal in den Spiegel. Man hat das Gefühl, dein Friseur wäre im Nebenberuf Steinmetz. Vor allem aber wirken deine Haare nie richtig frisch. Ich glaube, es liegt am Shampoo.«

Na toll! So was lass ich nicht auf mir sitzen. Ich nicht. Ich weiß schließlich aus langjähriger Seelsorge-Praxis: Das Leben ist eine haarige Sache. (Bestätigen selbst Glatzköpfe.) Und solange ich den Kopf noch voll davon habe, will ich mich endlich auch mal so fühlen wie all die glücklichen Menschen, die in der Werbung ihre geföhnte Pracht durch drei Klimazonen schwenken und jedes Mal jubeln: »Die Frisur sitzt.« Denn ich bin ehrlich. Bei mir kann man eher sagen: Sie hockt. Oder: Sie liegt. Also: Platt darnieder.

Nun: Um meine dringend anstehende, spirituelle Erneuerung zuerst auf der Kopfhaut zu erleben, bin ich aufgeregt in den elitärsten Drogeriemarkt der ganzen Region gefahren. Und? Was sehe ich? Wahnsinn! Gefühlte zwanzig Meter Shampoo. Flasche an Flasche.

Und was für welche! Ich meine: Was heute in den Fachabteilungen steht, das sind ja keine schlichten Haarwaschmittel mehr, das sind längst trichophile Zaubertränke. Verlockende Tinkturen. Magische Elixiere. Wellnesstempel für die Seele. Wirklich!

Was die nicht alles versprechen. Man kann sagen: Die Shampoos des 21. Jahrhunderts reinigen nicht mehr einfach nur, o nein, sie agieren »High Intelligent«, sie ermöglichen »Complete Control« über den Kopf und verheißen »Professional Performance«.

Vor allem aber pflegen diese Wundermittel das Haar »bis in die Spitzen«. Endlich. Das erklärt nämlich auch, warum ich meist so struppig aussehe: Meine bisherigen Shampoos haben anscheinend immer kurz vor dem Haarende aufgehört zu wirken: »Bis hierher und nicht weiter!«

Doch das ist noch längst nicht alles: Das moderne Shampoo suggeriert sich als allumfassendes Glücksversprechen. Segen für das Haupt. Heil im Haar. Ja, es garantiert Spannkraft, Volumen, Glanz, Geschmeidigkeit – und vor allem »Fortyfying« … was immer das sein mag. Klingt jedenfalls total schön. Es verhindert »Haarbruch« und offeriert seit Neustem zudem »Hair Repair«. Sprich: Diese Essenzen sind quasi eine Fachwerkstatt für verzottelte Zotteln. Mit Mikromolekülen, die meine gebrochenen Borsten dazu bringen, ganz neu zu glänzen. Das funktioniert bestimmt. Denn: »Strähnen lügen nicht!«

Doch dann kam die Ernüchterung. Schlagartig. Welches dieser haarigen Potenzmittel sollte ich denn nehmen? Das mit »Ginseng-Extrakt«, das mit »Kaschmir-Proteinen« (Haare wie ein Pulli?) – mit Meeresalgen, Bier, Rosenmilch, Koffein, Bambusessenz, Provitaminen oder Früchten? Mit oder ohne UV-Schutz – sprich: Sonnencreme im Haar?

Und welcher Haar-Typ bin ich überhaupt? Das weiß ich nämlich gar nicht. Normal, trocken, strapaziert, fein, leicht oder mittel-fettend, geschädigt oder schuppig? *Aaaah* …

Mehr als 600 Millionen Euro geben die Deutschen im Jahr für Shampoo aus. Angeblich. Aber welches das richtige ist, weiß keiner. Und wieder zeigt sich: Wer die Qual der Wahl hat, braucht vor allem kluge Kriterien zum Unterscheiden.

WER DIE QUAL DER WAHL HAT, BRAUCHT VOR ALLEM KLUGE KRITERIEN ZUM UNTERSCHEIDEN.

Ich aber habe entschieden: Bis dahin bleibe ich meinem bewährten Billigshampoo treu und halte mich an das weise Bibelwort: »All die Fülle ist in dir, o Herr.« Oder gilt ohnehin der herrliche Psalmspruch, der Glatzenträger seit Jahrhunderten geistlich aufatmen lässt: »Nur der kommt in den Himmel, der ausharrt bis zum Ende«?

Und meine Frau? Na, die liebt mich doch hoffentlich so, wie ich bin. Und nicht nur mit gegelter Föhnfrisur.

STRESS À LA CARTE

Gabi und Jochen wollen mal wieder mit uns Essen gehen«, verkündete meine Frau beseelt – und streichelte einschmeichelnd meinen Rücken.

Ich sagte trotzdem: »Nein!«

»Ja, aber warum denn nicht?«

»Das kann ich dir sagen.« Und das konnte ich nicht nur, das tat ich auch. Voller Wildheit: »Weil Gabi keine Essenskultur hat. Überhaupt keine. Mit ihr im Restaurant, das nennt man Vorhölle. Purgatorium. Limbus maximus. Einen leibhaftigen Gaumen-Fluch.«

Ist doch wahr: Sie braucht jedes Mal geschlagene fünfundzwanzig Minuten, bis sie sich entschieden hat, was sie essen will. Lässt sich aber vorher dreimal ausführlich die Tagesempfehlungen vortragen (obwohl sie nie was davon nimmt), sie diskutiert jedes Gericht auf der Karte mit dem Ober durch, als wäre es ihr Testament, sie ist gegen Zutaten allergisch, die ich nicht mal vom Namen her kenne, und … und wenn das Essen dann serviert wird, findet sie garantiert, dass sie selbst es deutlich besser gekocht hätte. Das nenne ich ›Öde Cuisine‹.

Meine Gattin lächelte mitleidig. »Ach ja, und wer schlingt immer alles sofort in sich rein? Wer sortiert immer die Oliven aus? Und die Pilze? Und die Tomaten? Und die Haare …«

Ich fand's nicht lustig. »Das ist was ganz anderes. Ich habe eben einen empfindlichen Magen. Aber Gabi hat ein empfindliches Hirn. Und wenn ich das nächste Mal den Satz höre ›Wir brauchen noch einen Moment‹, während der Kellner den Tränen nah und gefühlt seit dem Pleistozän um unseren Tisch streicht, dann hole ich mir ein Tranchierbesteck und raste aus. Das willst du doch sicher nicht.«

»Ich habe schon zugesagt.«

Na toll. Und was sollte dann dieses ganze Gespräch? Ich meine: Warum fragen Frauen überhaupt, wenn sie die Entscheidung längst gefällt haben? Wahrscheinlich nur, damit wir Männer uns nicht ganz so bescheuert fühlen, wie wir behandelt werden.

Sarkastisch raunte ich: »Na, dann freue ich mich riesig. Aber vielleicht könntest du *deine* Freundin ja im Vorfeld kurz darauf hinweisen, dass ich mich über einen beschleunigten Bestellvorgang sehr freuen würde.«

Zugegeben: Gabi gab sich Mühe. Wirklich. Es ging alles richtig schnell. Und vielleicht lag es genau an dieser Eile, an der von mir verursachten Hektik, an meinem unerbittlichen Drängen, dass sie in diesem Restaurant eine Bestellung abgab, die im »Museum meiner persönlichen Lebenshöhepunkte« einen ewigen Ehrenplatz erhalten hat. Und jetzt halt' dich bitte fest. Ganz fest.

Gabi sagte dem Kellner nämlich wörtlich: »Ich nehme die Dorade mit Kartoffeln und Böhnchen im Speckmantel. Aber statt der Kartoffeln hätte ich gerne Kroketten und statt der Böhnchen einen Beilagensalat. Ach ja, und statt der Dorade … die Schweinelendchen.«

Der Ober starrte sie an, als hätte sie ihn soeben offiziell gebeten, mit ihr zwei abessinische Waisenkinder zu adoptieren und in ein abgelegenes Kloster in Buthan zu ziehen. Glasige Augen. Geweitete Pupillen. Und einen Blick, der ganz offensichtlich ein »Reset« benötigte. Irgendwann stammelte er: »Äh … warum nehmen Sie dann nicht gleich … die Lendchen?«

Und für die Antwort hätte ich Gabi küssen können. »Weil Fisch viel gesünder ist!« Irre, oder? Da denkt man, man kennt die Abgründe menschlichen Denkens schon. Und dann bekommt man solche Untiefen aufgezeigt. Es wurde ein großartiger Abend.

Als ich in meinem Männerkreis diese kleine Anekdote berichtete, gab es nicht nur Begeisterung und jede Menge ähnlicher Erlebnisse. Peter wies auch darauf hin, dass schon Paulus fand, man möge doch beim gemeinschaftlichen Essen aufeinander Rücksicht nehmen. Und ob ich das nicht wüsste? Als Pfarrer? Ist ja schon gut …

JETZT MAL LANGSAM!

Felix kommt zu spät zu unserem Männerkreis. Wie immer! Während er unelegant den eleganten Mantel auszieht, spricht er noch in sein Smartphone, das er zwischen seine äußerst hoch gezogene Schulter und das Ohr geklemmt hat. Er sieht dadurch ein bisschen aus wie der Glöckner von Notre-Dame. Oder wie ein Mitwirkender in einer sehr modernen Tanzperformance. Gleichzeitig zieht er die Augenbrauen bis in die Geheimratsecken hoch, um mir zu signalisieren, wie genervt er von seinem Gesprächspartner ist.

Doch seine Stimme klingt professionell freundlich. Und so säuselt er in den Hörer: »Mach ich gerne! Ja, heute Abend noch! Gar kein Problem.« Während er spricht, versucht er zudem, mir mit verkrampften Zuckungen des Ellenbogens zu signalisieren, welchen Wein er trinken will. Den hier? Nein! Den hier? Ach so, von dem Grauburgunder. Gern!

»Immer das Gleiche!« Felix hat endlich aufgelegt und lässt sich schwer aufs Sofa fallen. Sein Grinsen sieht ein bisschen müde aus: »Sorry, aber ich kann nicht lang bleiben. Muss für eine vorgezogene Sitzung morgen früh noch ein Konzept fertig machen. Ganz wichtiger Kunde.« Kurz nickt er, als wolle er unsere Zustimmung erheischen.

Aber Bernhard lacht nicht. Er poltert los: »Mir reicht's! Ich finde, wir sollten Felix aus unserem Kreis ausschließen. Und zwar sofort.« Plötzlich fühlt sich die Luft an wie gefroren.

»Spinnst du?«

»Nein! Seien wir doch mal ehrlich: Du kommst jedes Mal zu spät, du gehst jedes Mal früher. Und die Zeit dazwischen bist du mit deinen Gedanken auch nicht wirklich da. Ja, du versaust mir dadurch total die Freude an unserm Kreis.«

Felix schluckt: »Hey, es ist halt bei mir gerade eine ziemlich hektische Phase ...«

»Ach, du meinst: So, wie in den letzten acht Jahren?«

»Was soll ich denn machen. In meinem Business geht eben alles schnell.«

»Das ist mir scheißegal.« Bernhard sieht aus, als ob er das sehr ernst meint.

Ich versuche in alter Pfarrergewohnheit zu vermitteln. »Geben wir Felix eine Chance. Was hältst du davon, Felix: Die nächsten drei Treffen bist du mal richtig präsent. Und lässt dich von niemandem stressen. Okay? Passt übrigens hervorragend in die aktuelle Fastenaktion der evangelischen Kirche: *Sieben Wochen ohne Sofort*. Packst du das?«

Bevor Felix antworten kann, reden alle durcheinander. Und es folgt eine leidenschaftliche Diskussion über die Frage, ob ein Mensch heutzutage überhaupt in der Lage ist, den ständigen ASAPs (*As soon as possible*) in der Arbeitswelt etwas entgegenzusetzen.

Jochen schlägt vor: »Warum schreiben wir nicht jedes Mal zurück: Nix ASAP, sondern INP – *It's not possible*. Oder: WISM – *When it suits me* – also: Wenn es mir passt. Wäre eine entspanntere Lebenseinstellung. Ich hab' auch kein Lust mehr auf das ständige Sofort.«

»Ja«, sagt Andreas, »nur hast du dann auch schnell keinen Job mehr.«

»Vielleicht ... vielleicht aber auch nicht.« Bernhard grinst inzwischen wieder: »Einen Versuch ist es wert.«

»Gut«, erwidere ich, hocherfreut darüber, dass die Frage nach dem Ausschluss von Felix im Lauf des Abends irgendwie verschüttgegangen ist, »dann mal Butter bei die Fische: Jeder von uns wird in den kommenden Wochen auf ein ›Bitte sofort‹ mutig mit einem freundlichen, aber bestimmten ›Nein‹ reagieren. Und beim nächsten Treffen tauschen wir uns über unsere Erfahrungen aus. Einverstanden?«

Alle Anwesenden schlagen ein! Doch plötzlich dröhnt eine dumpfe Stimme durch den Flur: »Ich brauche eure Hilfe. Sofort!« Grölend antworten wir fast einstimmig: »Nein!« Daraufhin erklingt es kleinlaut: »Aber ich sitze auf dem Gästeklo. Und das Klopapier ist alle ...«

ZEIT FÜRS FASTEN FASTEN

Joachim kam ebenfalls zu spät zur Männergruppe. Wie immer. Aber diesmal war er zudem schweißüberströmt, weiß wie ein holzfreies Blatt Papier, zitterte und lehnte sich keuchend gegen den Türrahmen. »Ich hasse Fasten!«

Blitzschnell umringten wir ihn mit fast mütterlicher Hingabe. »O je, was ist es? In welchem Bereich darbst du denn? Alkohol? Süßigkeiten? Fleisch? Oder etwa, bitte nicht … doch nicht … Bundesliga?«

Joachim schüttelte völlig außer Atem den Kopf und seufzte nur: »Auto!«

Ralf, der Besitzer eines rassigen Porsches, sackte in seinem Sessel zusammen. »Nein! Bist du den weiten Weg hierher mit dem Fahrrad gefahren?« Der Gefragte nickte schicksalsergeben. »Echt, die ganzen … 800 Meter?«

Ohne abzusetzen, kippte Joachim das Bier runter, das ihm eine barmherzige Hand gereicht hatte. Leise sagte er: »Ja! Und das Schlimmste ist: Es funktioniert.«

Als er unsere verstörten Blicke sah, fügte er hinzu: »Ich kapier' es ja selbst nicht. Aber ich benutze seit einer Woche kein Auto mehr. Und was soll ich sagen: Es klappt. Ich lese gemütlich im Zug Zeitung, komme entspannt ins Büro und fühle mich durchs Fahrradfahren viel fitter. Ich meine: Das ist doch hinterhältig.«

Als Theologe warf ich gekonnt ein: »Na, gerade das macht Fasten ja so interessant: Man reduziert etwas, um Raum für neue Erfahrungen zu haben. Am besten für spirituelle Momente. Fasten als Weg zu Gott.«

In der Ecke stieß Hannes ein verächtliches Lachen aus. »Na toll. Meine Frau meint auch, wir sollten mal *Sieben Wochen ohne* probieren, um eine ganz neue Sinnlichkeit zu entdecken. Sieben Wochen, könnt ihr euch das vorstellen?«

Wir starrten ihn fassungslos an. »Sieben Wochen ohne … du meinst, ohne … also, das, was wir jetzt alle denken?« Angstbesetztes Schweigen erfüllte den Raum. Lautlose Panik. Da! Wie in Zeitlupe senkte und hob sich der Kopf von Hannes. Tränen glitzerten in seinen Augen. Schluchzend stammelte er: »Sie meint, dass wir anschließend ein wahres Fest der Lust erleben werden. Weil wir dann neu wissen, wie wertvoll Zärtlichkeit für uns als Paar ist. Aber ich fürchte: Bis Ostern bin ich innerlich zerstört.«

Mehrere Männer beugten sich rüber und legten ihm die Hand auf den Arm. Jeder konnte die Last nachempfinden, die dieser gebeutelte Freund tragen musste.

Mit einem Mal brach der Damm. Nun berichteten alle von ihren mehr oder minder geistlichen Fastenaktionen. Andreas hatte entschieden, sieben Wochen nicht zu fluchen, und fügte selbst hinzu: »Scheißidee!« Dieter war fest entschlossen, sich nur noch mit fair gehandelten Bioprodukten aus Tadschikistan zu ernähren, und erwähnte traurig: »Da gibt's allerdings nur so eine Art gelber Brechbohnen.« Und Gerd verkündete stolz, er werde heldenhaft aufs Handy verzichten. Sprach's, öffnete sein Smartphone und zerknickte vor unseren Augen seine SIM-Karte. Was ihm allerdings erst beim dritten Versuch gelang. (Ich weiß außerdem, dass er längst einen neuen Vertrag hat.)

Dann war Martin an der Reihe. Der druckste ein wenig und sagte dann: »Ich will nicht mehr. Versteht ihr? Das ganze Jahr steige ich jeden Morgen voller Angst auf die Waage, erschrecke über die Anzeige und zähle dann den ganzen Tag Kalorien, um nur ja nicht zuzunehmen. Mich kotzt dieses ewige Diäthalten an. Das setzt mich total unter Stress. Ich hab' in vielen Lebensbereichen das Gefühl, dass ich das ganze Jahr faste. Und darum mache ich jetzt mal Fasten-Fasten. Quasi: Sieben-Wochen-mit!«

Wahnsinn! Als dieser gar nicht übergewichtige Mann beinah andächtig ein *Twix Xtra* aus der Anzugtasche zog und hingebungsvoll hineinbiss, dachte ich spontan: *Ich habe selten einen so glücklichen Menschen gesehen.*

Ein seliger Glanz lag auf Martins Antlitz, wie auf einer Ikone: »St. Martin mit dem Schokoriegel.« Also: Ich muss über den Sinn des Fastens noch mal nachdenken.

ANGEBER-WISSEN FÜR DIE FRÜHSTÜCKS-PAUSE

Thema: **Bier**

Alkoholgehalt

Das stärkste Bier enthält **57,7 %** Alkohol.

Kalorien

Vergleich auf 100 ml

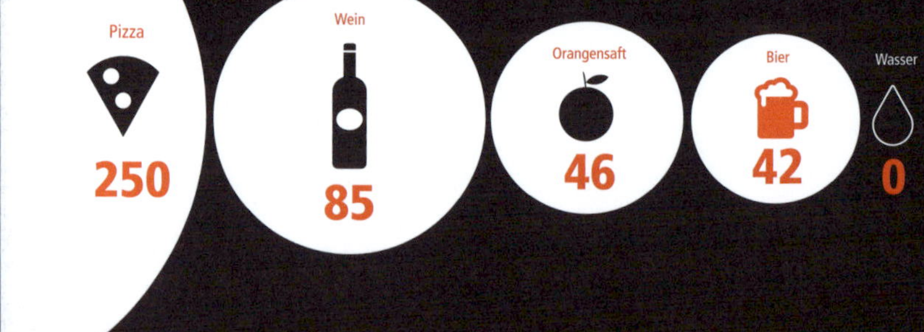

Betrunkene Ameisen

Forscher machten Ameisen mit Bier betrunken und beobachteten die Reaktion nüchterner Ameisen auf sie: Die betrunkenen Ameisen wurden von ihren nüchternen Kollegen nach Hause getragen.

60 000

Hektoliter Bier werden durchschnittlich jedes Jahr auf dem **Oktoberfest** getrunken. Dieselbe Wassermenge fließt pro Sekunde über die Kante der Niagarafälle.

Ägypten

Auf einigen Steintafeln, die mit Hieroglyphen beschriftet waren, fanden Forscher bei **Ausgrabungen in der Nähe von Kairo** eine Beschreibung des Bierbrauens.

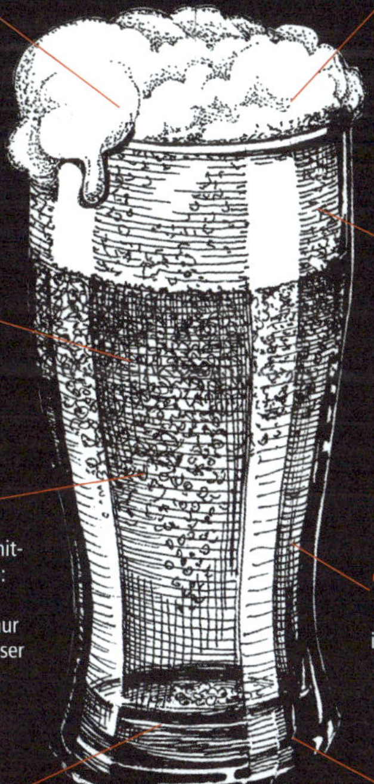

Tacitus

römischer Konsul und Schriftsteller, schrieb über das Bier: »Als Getränk haben die Germanen ein **abscheuliches Gebräu, aus Gerste und Weizen** gegoren.«

1,069 l

sind ein bayrisches Maß.

1516

wurde das älteste Lebensmittelgesetz der Welt erlassen: Das deutsche **Reinheitsgebot**. Danach darf Bier nur aus Hopfen, Malz und Wasser zubereitet werden.

7. August

ist der Tag des Bieres.

7 000 000

Deutsche konsumieren regelmäßig mehr als die als gesundheitlich unbedenklich eingestufte Menge Alkohol. Mehr als **1,7 Millionen** Menschen sind **alkoholabhängig**.

ca. 5000

Biersorten werden in den knapp 1300 deutschen Brauereien hergestellt.

PRAYBACK-KARTE

Joachim hielt uns im Männerkreis triumphierend sein Handy entgegen: »Hier, habt ihr das gesehen?« Einige kniffen die Augen zusammen und starrten neugierig auf das rosa schimmernde Display, andere setzten genervt ihre Brille ab, aber niemand konnte die mikroskopisch kleinen Buchstaben entziffern.

Joachim seufzte und erklärte uns, was wir hätten sehen sollen: »Das ist eine Zeitungsmeldung: In Göttingen wurden fast dreißig leuchtende Plastikflamingos von der Polizei aus einem Vorgarten geräumt – und später stellte sich raus: Das war eine Fundraising-Aktion der Evangelischen Gemeinde! *Wenn du einen Vogel hast, dann spende was fürs Gemeindehaus* … oder so ähnlich. Verrückt, findet ihr nicht?«

Peter nickte: »Na ja, die Kirchen müssen jetzt eben auch über alternative Finanzierungsmodelle nachdenken. Und eigentlich ist das doch gar keine schlechte Idee. Ich hätte da sogar direkt ein paar Vorschläge: Wir könnten zum Beispiel in jede Gemeinde einen Segensroboter stellen – das ist dann das Economy-Angebot … und wenn du von einem echten Menschen gesegnet werden willst, kostet es einen Aufpreis. Oder: Es gibt neben den steinharten Kirchenbänken vorne im Altarraum zukünftig auch gepolsterte Sessel. Quasi einen *First Class Sunday Service*. Optional dazu buchbar.«

Jetzt gab's kein Halten mehr. Andreas verkündete, wild gestikulierend: »Wie wäre es mit Treuepunkten? Wenn du oft genug in den Gottesdienst gehst und was in die Kollekte schmeißt, dann bekommst du als Prämie … was weiß ich … die Hauptrolle im Krippenspiel … darfst beim Gemeindeausflug im Bus vorne sitzen … oder wirst zum Gemeindeglied des Monats ernannt. Mit schmalzigem Bild im Gemeindebrief. Das wäre doch Kundenbindung pur.«

Peter schüttelte den Kopf: »Na, ich weiß nicht. Treuepunkte verteilen sie ja auch im Supermarkt. Und ich fand schon immer, dass das irgendwie komisch klingt. Ich meine: Wenn du da ein Päckchen Kondome kaufst, um deine Frau zu betrügen, dann kriegst du Treuepunkte. Das ist doch absurd.«

Aber Andreas kam gerade erst richtig in Fahrt: »Na, dann sagen wir eben Bonuspunkte. Und die sammelst du auf einer … genau … einer Prayback-Karte. Wenn du viel betest, bekommst du Gottes Segen ganz spürbar zurück: Zum Beispiel erhalten dann deine Kinder oder Enkel bevorzugt einen Platz im kirchlichen Kindergarten. Du darfst sonntags als Erster am Abendmahlskelch lutschen. Und wenn du den Status ›Selig‹ erreichst, dann nimmt dich der Pfarrer sogar mit in die Fürbitte auf. Wäre das nicht was?«

Joachim, der Banker in unserer Runde, räusperte sich: »Langsam, langsam, wir wollen doch vor allem Geld in die Kasse bringen. Was haltet ihr davon: Wir verkaufen die Liedauswahl im Gottesdienst an den Meistbietenden: Das folgende Lied wird Ihnen präsentiert von Hubers Backstube: *Brich mit den Hungrigen dein Brot*. Oder: Das Lied *Stern, auf den ich schaue* singen wir mit freundlicher Unterstützung von Mercedes. Oder: Die Psychoanalytische Vereinigung lädt Sie zum Mitsingen ein: *Geh aus, mein Herz und suche Freud*.«

VIELLEICHT IST ZU VIELEN INZWISCHEN NICHT MEHR KLAR, WELCHEN TRAUM DIE KIRCHE EIGENTLICH TRÄUMT.

Irgendwann hob Joachim beide Hände: »Wäre es nicht schöner, wir könnten den Leuten grundsätzlich neu zeigen, warum es großartig ist, in der Kirche zu sein? Denn mal ehrlich: Menschen geben ihr Geld doch nicht einfach für Dinge oder Projekte, sondern am liebsten für Träume. Und vielleicht ist zu vielen inzwischen nicht mehr klar, welchen Traum die Kirche eigentlich träumt. Wollen wir nicht lieber daran arbeiten?«

Andreas zog eine Grimasse: »Ja, ja, ist ja schon gut. Aber das mit der Prayback-Karte finde ich trotzdem klasse.«

GAST AUF ERDEN

Endlich trifft sich unser Männerkreis nach gefühlt zehn Lockdowns mal wieder »präsentisch« – wie das heute heißt. Tolles Gefühl. Wurde auch Zeit. Atmosphäre schnuppern, lockere Sprüche reißen, Schulterklopfen, mit gutem Rioja anstoßen: Das alles macht »in echt« eben doch mehr Spaß als am Bildschirm.

Und zu diesem »sinnlichen« Miteinander kommt die beglückende Erfahrung: Gute Freundschaften halten es aus, dass man sich längere Zeit nicht treffen kann. Als knüpften wir einfach da an, wo wir vor 18 Monaten aufhören mussten.

Dachte ich jedenfalls. Bis sich Uwe zu Wort meldet. »Männer, es ist wirklich großartig, wieder mit euch zusammenzusitzen, aber … ich muss euch was sagen.« Andreas hebt sofort sein Glas und ruft: »Lass mich raten: Du wirst noch mal Vater, alter Schwerenöter!«

Schallendes Gelächter in der Runde. Uwe ist Mitte sechzig. Lacht aber mit. Fast schon geschmeichelt. Dann wird er ernst: »Nein! Ich weiß seit zwei Wochen: Ich habe Krebs im Endstadium.«

Was?

»Ja, ein aggressiver Tumor. Hat auch schon überallhin gestreut. Leider.« Als hätte jemand einen Schalter umgelegt, verstummen alle. Schockiert. Getroffen. Verwirrt. Es fühlt sich grauenvoll an. Und dann wollen alle wissen, wie das mit der Diagnose war, wie es Uwe jetzt geht, warum er nicht angerufen hat, ob er noch auf ein Wunder hofft, ob es nicht doch noch eine Therapiemöglichkeit gibt … und vor allem: ob er Angst hat.

Uwe nickt. Nachdenklich. Dann sagt er ruhig: »Ja, am Anfang hatte ich Angst. Schreckliche Angst sogar. Außerdem war ich unfassbar wütend. Und ich habe mich immer wieder gefragt, was ich bloß falsch gemacht habe. Ich meine: Irgendwer oder irgendwas muss doch schuld sein. Was man halt in seiner Verzweiflung so denkt.«

Ein feines Lächeln schleicht sich auf sein Gesicht. »Aber dann ist mir eingefallen, wie oft wir hier in unserem Kreis über den Tod geredet haben. Dass wir immer überzeugt waren: Wenn jemand stirbt, dann gibt nicht der Körper den Geist auf, nein, dann gibt der Geist den Körper auf. Und dass wir so oft über die Kraft des Vertrauens gesprochen haben.«

Er beugt sich vor. »Erstens finde ich, dass mein Körper eine wirklich gute Zeit hatte.« Er klopft sich sowohl auf den Bauch als auch aufs Herz. »Aber etwas anderes ist viel wichtiger. Als ich endlich realisiert hatte, dass ich nur noch wenige Monate habe, da durchfuhr mich plötzlich der Gedanke: So, jetzt muss sich zeigen, ob all die tiefgründigen Gedanken, die wir uns in den letzten Jahren in unserem Männerkreis gemacht haben, ob das alles nur schöne markige Worte waren, verheißungsvolle Theorien … oder ob diese Ideen wirklich tragen, wenn es drauf ankommt.«

Uwe lächelt: »Und wisst ihr was? Sie tragen. Wirklich! Mich jedenfalls. Ja, ich kann tatsächlich glauben, dass ich nur ein Gast auf Erden bin – und dass danach noch was kommt. Dass ich in der Welt bin, aber nicht von der Welt. Wie Jesus es ausgedrückt hat.

Klingt vielleicht verrückt: Aber ich bin mir jetzt näher als vor der Diagnose. Und ich fühle mich auch Gott näher als je zuvor.« Er nimmt einen großen Schluck Wein und schaut in unsere Gesichter. Amüsiert. »Ist doch komisch. Dass ich euch tröste – und nicht ihr mich.«

Nach einer Weile möchte ich von ihm wissen, was sich bei ihm geändert hat, seit er um sein irdisches Ende weiß. Da muss Uwe grinsen: »Mal ein Beispiel: Ich habe mir vor 30 Jahren für einen dienstlichen Event ein total schickes, weißes Dinnerjacket gekauft. Eigentlich liebe ich das Teil, aber es gab danach nie wieder einen Anlass, es zu tragen. Und jetzt … jetzt ziehe ich dieses Dinnerjacket jeden Tag zum Mittagessen an. Gutes Gefühl. Apropos stillvoll feiern: Lasst uns das nächste Treffen bei mir zu Hause machen. Ich koche uns was Schönes, und wir genießen unsere Gemeinschaft. Einverstanden?«

AB IN DEN HIMMEL

Ist das nicht beglückend: Manchmal reicht eine einzige Frage, um einen ganzen Abend angeregt zu diskutieren. Zum Beispiel die hier: »Die beste Zeit meines Lebens – habe ich die schon hinter mir, bin ich gerade mittendrin oder kommt die erst noch?« Wahnsinn!

Mein Männerkreis jedenfalls hat darüber vor einigen Wochen voller Leidenschaft und mindestens vier Rotweinflaschen lang geredet – und jeder fing an, seine Biografie und seine Träume zu durchleuchten, um für sich eine Antwort zu finden. Gar nicht so leicht.

Zumindest versuchten einige geschickt, einer konkreten Aussage auszuweichen. Jochen zum Beispiel richtete den Oberkörper auf und erklärte im Brustton der Überzeugung: »Also … eigentlich war bei mir immer die beste Zeit.« Woraufhin Dietmar erwiderte: »Ach, und was ist mit deiner Scheidung? Da hast du uns doch ständig was vorgejammert.« Natürlich bemühte sich Achim sofort, im aufkeimenden Streit zu vermitteln: »Sind es denn nicht gerade die schweren Zeiten, die uns fit fürs Leben machen?«

»Das war nicht die Frage!«, rief Ralf empört. »Außerdem gilt eindeutig: Wenn du das Gefühl hast, dass jetzt deine beste Zeit ist, dann bedeutet das zugleich, dass du von der Zukunft nicht mehr viel erwartest.« Hui, da ging's ans Eingemachte. Und einige der Männer sind noch immer dabei, ihre Antwort zu suchen.

Beim nächsten Treffen dann wieder so ein Ding: »Wie genau stellt ihr euch eigentlich den Himmel vor?« Sofort flogen die unterschiedlichsten Bilder und Vorstellungen durch den Raum. Von frohlockenden und Harfe spielenden Engelchen auf Wolke 7 über den weiten hellen Raum, den angeblich so viele Menschen bei Nahtoderfahrungen sehen, bis hin zum paradiesischen Südseestrand, an dem man bis in alle Ewigkeit Cocktails schlürft.

Doch als wir uns nach einer sehr dynamischen Runde gerade darauf einigen wollten, dass die Kirchen aus nachvollziehbaren Gründen heute kaum noch über den Himmel sprechen – weil es eben in der Bibel zu wenig Anhaltspunkte gibt und die meisten Predigenden zu ängstlich sind, mal ganz neue Himmelsvisionen zu entwickeln – sagte Ralf auf einmal: »Der Himmel? Der ist wie unser städtischer Bauhof.«

DIE BESTE ZEIT MEINES LEBENS – HABE ICH DIE SCHON HINTER MIR, BIN ICH GERADE MITTENDRIN ODER KOMMT DIE ERST NOCH?

Zehn Augenpaare starrten ihn verständnislos an. »Meinst du diesen Recyclinghof, auf dem man seinen ganzen Schrott abgeben kann?«

»Genau«, erwiderte Ralf, »Moni und ich waren da nämlich letzte Woche. Und das war … irgendwie himmlisch. Stellt euch vor: Wir hatten den Kofferraum voller Krempel, den wir schon seit Jahren loswerden wollten und der uns total belastet hat. Und dann … ihr könnt euch das nicht vorstellen: Jedes Mal, wenn ich wieder ein Stück Altlast in einen der Container geworfen habe, ging es mir besser. Und am Ende fühlte ich mich total befreit.«

Dietmar grinste: »Also ich will das Jenseits bestimmt nicht auf einem Bauhof verbringen. Wie bescheuert ist das denn? Außerdem …«

Ralf hob die Hand. »Hey, echt schade, dass du nicht dabei warst. Es ging nämlich nicht nur mir so, alle waren da total beseelt. Wirklich! Ich war umgeben von lauter glücklichen, erleichterten und entspannten Leuten, die voller Freude das, was sie nervt, schwungvoll entsorgten. So stell ich mir den Himmel vor: Dass ich da alles los bin, was das Dasein schwer macht – alle Sorgen, alle Ängste, alle Unsicherheiten.«

Dann fügte er sanft an: »Um noch mal auf unsere Diskussion vom letzten Mal zurückzukommen: Wenn sich der Himmel so anfühlt wie unser Bauhof, dann habe ich die beste Zeit meines Lebens noch vor mir.«

IM PRINZIP HOFFNUNG

Torsten hielt sein Smartphone in die Runde: »Hier, das ist die Webcam vom Skigebiet. Fällt euch was auf?«

Christian beugte sich vor: »Da sitzt eine relativ attraktive Frau am Lifthäuschen!«

Torsten schnaubte: »Ja, aber das meine ich nicht. Hier! Der Lift steht. Weil alles grün ist. Seht ihr das? Es ist alles grün. Wie im Hochsommer. Seit einem Jahr habe ich mich aufs Skifahren zwischen den Jahren gefreut. Und jetzt liegen auf den Pisten genau null Zentimeter Schnee. Null Komma null. Da können wir ja einen Super-Wanderurlaub machen. Irre. Dabei habe ich mir zu Weihnachten extra neue Carvingski gewünscht.«

Die weihnachtsmüden Köpfe der Männer gerieten in mitfühlende Nickbewegungen. Nur Erich murmelte: »Warum sagst du den Skiurlaub nicht einfach ab?«

Torsten prostete uns zu: »Wollte ich, aber irgendwie … wisst ihr … inzwischen bin ich voller Hoffnung: Es wird noch schneien! Ganz bestimmt.« Er warf einen sehnsüchtigen Blick durch die Terrassentür.

Ich räusperte mich verhalten: »Du hast aber schon die Wettervorhersage gesehen, oder? Bis zum Jahreswechsel sind ziemlich entspannte Temperaturen angesagt. Ja, selbst in Moskau erlebt der Russenmützenverkauf gerade eine ganz miese Saison.«

»Na hör mal«, Torsten war richtig empört, »das ist doch hier ein christlicher Männerkreis, wenn *wir* keine Hoffnung mehr haben, wer denn dann?«

Christian starrte noch immer die »relativ attraktive Frau am Lifthäuschen« auf dem Display von Torstens Smartphone an. Dann sagte er höhnisch: »Jetzt sag' aber bitte nicht, dass du für Schnee betest. Nein! Echt! Och komm.«

»Ja, warum denn nicht? Ist es verboten, wenn man sich Gottes Beistand für die Erfüllung seiner Hoffnung erbittet? Mir bedeutet Skifahren echt viel.«

Erich stellte sein Rotweinglas ab. Etwas zu laut. »Jetzt mal langsam. Hoffnung ist doch kein frommer Wunsch. Torsten, wenn du dir Schnee wünschst, dann hat das mit Hoffnung überhaupt nichts zu tun. Du würdest dich freuen, wenn es schneit. Das kannst du gerne machen. Nur bitte benutze für deine egoistischen Begierden nicht das Wort Hoffnung!«

Puh. Jetzt ging es aber ab. Nach und nach verwandelte sich der aufkeimende Tumult in eine aufgeregte, intensive Diskussion. Vor allem über die zentrale Frage: Was ist eigentlich der Unterschied zwischen Wunsch und Hoffnung?

WAS IST EIGENTLICH DER UNTERSCHIED ZWISCHEN WUNSCH UND HOFFNUNG?

Nach ungefähr einer Stunde martialisch-verbalen Ringens hatten wir alle das Gefühl, eine überzeugende Antwort gefunden zu haben. Und die lautete: Hoffnung hat einen Grund. Ja, Hoffnung ist nicht nur ein vages Verlangen, sondern gründet in einem festen Vertrauen darauf, dass etwas eintreten kann, auch wenn die Erfüllung nicht in unserer Macht steht.

Und dann waren wir ganz schnell bei Paulus, der im 1. Korintherbrief deutlich macht, dass gerade die Hoffnung auf die Auferstehung kein frommer Wunsch sein darf, sondern ganz und gar davon bestimmt ist, dass Jesus Christus auferstanden ist: »Ist Christus nicht auferstanden, so ist unser Glaube vergeblich.« Sprich: Hoffnung hat ein Fundament. Wünsche dagegen sind ohne Halt.

Eine Woche später kam eine Postkarte. Torsten und seine Familie im Whirlpool vor der Almhütte. Umgeben von lauter Grün. »Mit den besten Wünschen für ein neues Jahr und der Hoffnung, dass wir weiter so angeregt streiten.«

Ich habe Christian die Postkarte gezeigt, und er war überzeugt, im Hintergrund die »relativ attraktive Frau vom Lifthäuschen« wiederzuerkennen. O Mann.

MIDLIFE-CHANCE

Mein Freund Bernhard zieht weg. Erzählt er mir mal eben so beim Bier. Weit weg. Aufs Land. Wegen seiner Frau. Die hat da einen tollen Job bekommen. Und er – ganz der lässige Mann der Postmoderne – geht mit.

»Das ist eine Riesenchance für sie. Außerdem habe ich da, trotz strukturschwacher Region, auch gleich einen neuen Job gefunden.« Er erzählt kurz, und es klingt gar nicht so schlecht. Außer, dass er halt demnächst am Arsch der Welt wohnt.

»In Ordnung«, sage ich, »dann komm ich bald mal vorbei. Habt ihr denn in eurem neuen Haus ein Gästezimmer?«

Plötzlich druckst Bernhard herum. Nickt und schüttelt gleichzeitig den Kopf. Sieht ziemlich verkrampft aus. Wie ein Iltis mit Durchfall. »Also? Was denn nun?«

Da grinst er verlegen und sagt: »Lass dir einfach … äh … ein bisschen Zeit. Ich weiß nämlich noch nicht so genau, wer ich da sein werde.«

»Hä?« – »Na ja, schau mal: Hier denkt doch jeder, er wüsste genau, wer ich bin. Jeder hat ein fertiges Bild von mir. Aber da, wo wir hinziehen, da kennt mich keiner. Da kann ich quasi noch mal von vorne anfangen.«

Er kippt die Hälfte seines Pils mit einem Schluck runter, seufzt tief und fährt dann lebhafter fort: »Irgendwie hatte ich in letzter Zeit oft das Gefühl, als verliefe mein Leben zu sehr in eingefahrenen Gleisen: alle wesentlichen Lebensentscheidungen sind gefällt – Job, Beruf, Haus, Familie, Hobbys, Gemeinde – und wenn ich Pech habe, geht es exakt so die nächsten Jahrzehnte weiter. Hat sich ziemlich mies angefühlt.«

»Aha«, rufe ich als zertifizierter Hobbypsychologe: »Midlife-Crisis!«

»Nein«, lächelt Bernhard, »genau das Gegenteil: Midlife-Chance. Ich wage jetzt noch mal einen ganz neuen Lebensentwurf. Und dazu muss ich weder meine Frau verlassen, noch ein Feinschmeckerbistro in der

Toskana aufmachen, mir ein Porsche-Cabrio kaufen oder eine Echthaarverpflanzung bezahlen. Petra und ich, wir werden fröhlich ausprobieren, wie es uns in der neuen Umgebung ergeht. Also, wenn keiner vorgeprägte Erwartungen an uns hat. Das ist doch irre spannend.«

Ein bisschen irritiert bin ich jetzt schon. »Heißt das, dass du auch keine Lust mehr auf deine alten Freunde hast? Werden wir im Zuge deiner Runderneuerung abserviert?«

»Quatsch. Nur bin ich neulich über diesen netten Satz von Paulus gestolpert: ›Prüft alles und das Gute behaltet.‹ Und ich habe einfach den Eindruck, dass ich in den letzten Jahren überhaupt keine Alternativen mehr zu meinen bestehenden Vorstellungen geprüft habe. Das war alles so selbstverständlich. Und wer weiß: Vielleicht gibt es ja noch so manches Gute, das ich neu entdecken kann. Ich möchte nicht selbstverständlich leben – sondern bewusst. Und da gehört das Prüfen eben dazu.«

»AHA«, RUFE ICH ALS ZERTIFIZIERTER HOBBYPSYCHOLOGE: »MIDLIFE-CRISIS!«

Er klopft mir kräftig auf die Schulter. »Aber ich glaube schon, dass du am Ende zu den Guten gehörst.«

An diesem Abend habe ich noch lange wach gelegen: Das eigene Dasein immer wieder mal prüfen, quasi einen Lebens-TÜV machen. Klingt ziemlich gut.

ANGEBER-WISSEN FÜR DIE FRÜHSTÜCKS-PAUSE

Thema: **Motor**

1888

unternahm **Bertha**, die Frau von Karl Benz, die **erste Überlandfahrt** mit einem Automobil, dem Benz Patent Motorwagen Nummer 3. Ein defektes Kabel isolierte sie mithilfe ihres Strumpfbandes, eine verstopfte Benzinleitung säuberte sie mit ihrer Hutnadel, als Treibstoff erwarb sie unterwegs in einer Apotheke einige Liter Reinigungsmittel.

Seit 2011

sorgt in einigen Automodellen ein **Simulator für Motorengeräusche** im Autoinneren. In anderen PKWs wird das Motorengeräusch mit **Lautsprechern** ins Autoinnere weitergeleitet. Man will so den Autoinsassen weiterhin ein **»echtes Fahrgefühl«** vermitteln, denn die Soundisolierung im Auto ist inzwischen so gut, dass man den Motor fast nicht mehr hört.

10–22 Watt

Leistung liefert der **kleinste Motor der Welt**. Es besteht aus einem **Kalzium-Atom**, das durch Aufheizen und Abkühlen in Schwingungen versetzt wird und dadurch Wärme in Kraft umwandelt.

0,7 PS

kann **ein Pferd** in Wirklichkeit leisten. James Watt hatte die **Einheit Pferdestärke** eingeführt, um zu demonstrieren, wie viel mehr ein Motor im Vergleich zu einem Pferd leisten kann. Er hatte den Pferden aber ein bisschen zu viel zugetraut.
1 PS definiert die Leistung, die erbracht werden muss, um 75 kg mit der Geschwindigkeit 1 m/s anzuheben.

1830

verlor die erste amerikanische Dampflokomotive bei einem **Wettrennen** noch gegen einen Zug, der von Pferden gezogen wurde.

243 km/h

fährt der **schnellste Rasenmäher** der Welt. Er kann mit seinen 109 PS in 3 Sekunden auf 96 km/h beschleunigen.

Kraftstoffe

für Automotoren (2019)

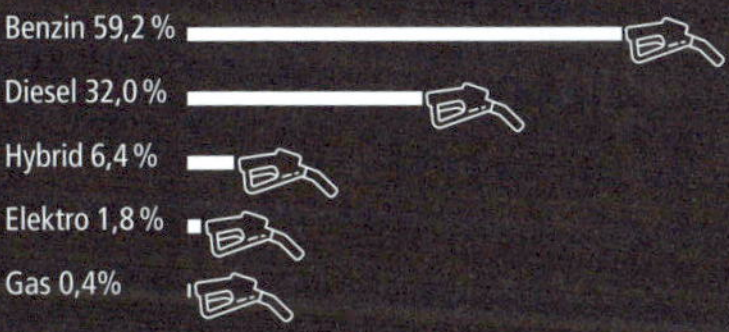

42 Sek.

ist der Weltrekord für das **Ausbauen und Ersetzen eines Motors**. Er wurde 1985 an einem Ford Escort aufgestellt.

40 000

Komponenten hat ein Flugzeugmotor (Strahltriebwerk) eines **Passagierflugzeuges**. Im heißesten Teil des Motors, wo komprimierte Luft mit Treibstoff gemixt und entzündet wird, entstehen Temperaturen von bis zu 1400° Celsius.

3 %

Wirkungsgrad hatte die berühmte **Watt'sche Dampfmaschine**. Damit war sie trotzdem weit effektiver als die Vorgängermodelle, die vor allem zum Wasserpumpen in **Kohlebergwerken** eingesetzt wurden. Erst mit Watts Verbesserungen **1769** waren Dampfmaschinen gut genug, um auch in der **Textilindustrie** eingesetzt zu werden, was den Beginn der **industriellen Revolution** markierte.

SEI JETZT MIT DABEI

Mein Ü-Elfer als Fazit

So, das war ein turbulenter Streifzug durch die wilde Wirklichkeit maskuliner Erlebniswelten. Lauter bunte Mosaiksteine. Wird daraus irgendwann ein Bild? Weiß ich auch nicht! Obwohl: vielleicht ja doch. Eine meiner Beobachtungen ist zumindest: Das Klischee, es gäbe nur Machos oder Softies, ist zum Glück längst überholt. Und es ist auch nicht so, dass manche Frauen vor allem herrische Muskelpakete lieben … und andere nur einfühlsame Versteher, die mit ihnen ständig Aperol Spritz schlürfen. Das Leben ist viel komplexer – und gerade das macht es so spannend.

Männer (wie auch Frauen) stehen heute vor der großen Herausforderung, sich nicht nur selbst immer wieder neu entdecken zu müssen, sondern dabei eben auch nicht in stereotype Rollenmuster zu verfallen, die ihnen nach wie vor von der Gesellschaft nahegelegt werden: »Jetzt sei doch mal ein Mann!« Super! Und was ist ein Mann?

Nun, ich wage nach all den skurrilen Erfahrungen mal eine Definition: Männer bleiben ihrem eigenen Mannsein auf der Spur. Sie sind neugierige, fragende, aufmerksame Typen, die nicht irgendwann denken, sie wüssten jetzt ein für alle Mal, was Sache ist. »Mannsein ist ein Werden, kein Sein«, um einen Spruch abzuändern, den Martin Luther mal über den Glauben gesagt hat. Der ist nämlich auch nur dann lebendig, wenn er sich fortwährend weiterentwickelt.

Mich beruhigt: Schon die Geschichten der Bibel präsentieren (bei allem altorientalischem Patriarchat) ein ziemlich modernes Männerbild. Die dort porträtierten Männer lernen nämlich fast alle erst in der Konfrontation mit ihren Schwächen, wie sie zu ihren Stärken finden. Ja, die biblischen Helden sind dort stark, wo sie den Mut aufbringen, sich ihren Schwachheiten zu stellen und sie – mit Gottes Hilfe – entweder zu überwinden oder als wichtige Züge ihrer Persönlichkeit zu akzeptieren. Der Wunsch, mich meinen eigenen Ecken und Kanten, ja, meinen eigenen Grenzen zu stellen, spiegelt sich auch in vielen meiner Texte wider.

WAS ICH BRAUCHE, UM MIR SELBST AUF DIE SPUR ZU KOMMEN? GESPRÄCHE, GESPRÄCHE, GESPRÄCHE.

Übrigens: Den penetrant in den Überraschungstexten in diesem Buch auftauchenden Männerkreis gibt es tatsächlich. Und er ist mindestens so durchgeknallt, wie ich ihn beschreibe. Vor allem aber zeigt er mir immer wieder aufs Neue, was ich brauche, um mir selbst auf die Spur zu kommen: Gespräche, Gespräche, Gespräche. Wenn ich anderen erzähle, was mich beschäftigt, verunsichert oder euphorisiert, dann sortieren sich nicht nur meine Gedanken – ich fange auch an, meine Sehnsüchte, Hoffnungen und Ängste zu entschlüsseln. Und die sind immer der Ausgangspunkt meines Verhaltens. Gerade als Mann.

Insofern: Männer, lasst uns reden! Wenn dieses Buch mir und euch dabei hilft, einige der zentralen Fragen unseres Geschlechts bewusster wahrzunehmen: umso besser. Und wenn ich mal wieder völlig am Ende bin mit meinem Latein, wenn ich mal wieder überhaupt nicht verstehe, was mit mir los ist, und wenn die himmlische Eingebung partout auf sich warten lässt – dann frage ich meine Frau. Vielleicht ist es ja doch ganz gut, dass es nicht nur ein Geschlecht gibt …

STEFFEN CRAMER
HUB
RAUM
ERWEITERUNG
Mehr Power für dein Leben mit Gott
Handbuch für Männer
SCM